U0580967

区域国别研究丛书

欧美学术界感知中国式现代化

明德战略对话2024

中国人民大学区域国别研究院（重阳金融研究院）◎编

新华出版社

图书在版编目（CIP）数据

欧美学术界感知中国式现代化：明德战略对话 2024 /
中国人民大学区域国别研究院（重阳金融研究院）编．
北京：新华出版社，2024.12
ISBN 978-7-5166-7842-8

Ⅰ．D61

中国国家版本馆 CIP 数据核字第 2024TN6508 号

欧美学术界感知中国式现代化：明德战略对话 2024

编者：中国人民大学区域国别研究院（重阳金融研究院）
出版发行：新华出版社有限责任公司

（北京市石景山区京原路 8 号　邮编：100040）

印刷：捷鹰印刷（天津）有限公司

成品尺寸：170mm×240mm 1/16　　**印张**：14.5　**字数**：206 千字
版次：2025 年 5 月第 1 版　　　　　**印次**：2025 年 5 月第 1 次印刷
书号：ISBN 978-7-5166-7842-8　　　**定价**：66.00 元

版权所有·侵权必究

如有印刷、装订问题，本公司负责调换。

微店　　　　　视频号小店　　　　京东旗舰店　　　　微信公众号

喜马拉雅　　　小红书　　　　　淘宝旗舰店　　　　企业微信

前　言

我们谈"美国战略界来中国"，我们谈些什么？

近几年，一提到美国，中国社会舆论多半会有一些异样情绪，或觉得敏感，或莫名警惕，或害怕接触，当然，还有一些人仍存崇拜之情。这些多元与复杂的情绪，都算是当下中国人对外心理的时代特征。

有一次我调研西南某省刚刚脱贫不久的一个县城，县长与我谈及许多国际形势，尤其热衷于讲述中美紧张形势下县域治理的压力。于是我调侃道，你这里离最近的机场近 3 个小时车程，县城也见不到外国人，更谈不上美国人，为何要把中美紧张形势考虑到日常县城治理中呢？

还有一次我向中西部某地一家国企老总推荐几位美国战略界人士和前高官的来访调研。这位老总很有兴趣，但很快回应当地保卫、外事、报批程序过于复杂，完全超出了当地接待能力，于是只能悻悻作罢。

这些普遍存在于各个地方的现象，恰恰反映了党的二十届三中全会《中共中央关于进一步全面深化改革、推进中国式现代化的决定》中要改革的一条重点内容，即第十部分里第 41 条"推动走出去、请进来管理便利化，扩大国际人文交流合作"。

要真正落实这条改革措施，最重要的落脚点在于，须扭转不愿、不敢、不想与外国人尤其是美国人交往的氛围与环境。

革命年代、冷战年代，老一代中国领导人都非常愿意接触来访的外国人尤其是美国人。近年来，习近平主席更是多次强调加强民间友好和人文交流对发展中美两国关系的重要意义。他与美国各界人士多次真挚互动，积极推动中美民间友好，并提出"中美关系的基础在民间，力量源泉在人民友好"等观点。

2024 年 3 月 27 日，习近平会见美国工商界和战略学术界代表时指出，"中美关系史是一部两国人民友好交往的历史，过去靠人民书写，未来更要靠人民创造。中国有句话，从善如登，从恶如崩。希望两国各界人士多来往、多交流，不断积累共识，增进信任，排除各种干扰，深化互利合作，为两国人民带来更多实实在在的福祉，为世界注入更多稳定性。"

高层亲力亲为地做美国人的工作，正是给各级政府、各个企事业单位、各个高校研究机构提供了示范。这也正是我所在的智库——中国人民大学重阳金融研究院承办为期一周的明德战略对话（2024）、邀请 10 多位来自美国、欧洲的战略学术界人士来中国的重要背景。

2024 年 8 月 30 日至 9 月 5 日，我们安排这些来自美国、欧洲的战略界人士调研中国改革开放最前沿的上海浦东、走访世界商品集散中心义乌、观察民营经济重镇温州，引导他们看看新农村建设、逛县城夜市、做客企业主家等等，还安排许多批次的年轻人与他们面对面对话，让他们真实地体验新时代的中国，进而尽可能地重塑这些有影响力人士的中国观。

从筹备安排看出，各级政府外事与宣传机构是有外事交往潜在意愿的，只是希望在制度与氛围上还可以更加松绑。各个企事业单位是有国际交往的充足底气的：有位企业主说，让他们随便看嘛，没什么不能让他们看的；还有一位当地机构负责人说，我们这里那么干净、安全、便捷，还有烟火气，美国人会羡慕的……

可见，党的二十届三中全会中所说的"推动走出去、请进来管理便利化，扩大国际人文交流合作"是很有民间动力与基层活力的。关键在于，在制度设计和机制构建上，要更敢于、更善于释放这种动力与活力。

事实上，新中国建立之初能逐渐打破西方阵营的封锁，源于大胆地与西方交往与沟通。40多年的改革开放，中国国力从弱到强，也是源于不断打开国门与世界融合。现在，世界处在新的动荡变革期，西方一些势力试图重新打压、封锁、遏制中国的强国之路，此时，更需要努力打破之、瓦解之，更要靠胆大心细、积极主动的交往与沟通。

日本著名作家村上春树有一本非常著名的随笔集，书名叫《当我谈跑步时，我谈些什么》。书中用细腻的写作技巧记录了跑步时的心理活动并延伸到人生态度，如"痛苦无法避免，磨难可以选择""不想跑步，所以更要去跑步"。

把这个书名套用到当下中国智库与美国战略界的交往，或可改为"我们谈'美国战略界来中国'，我们谈些什么？"我希望其中应有的含义是，"对美国斗合并行的痛苦无法避免，如何减少磨难可以选择""不想与遏华的美国交往，所以更要与之交往"。

如果真有这种观念的转型，那么，回答"我们谈'美国战略界来中国'，我们谈些什么？"的答案是，我们应该谈如何更好地接触对方、更好地阐述中国、更轻松地与之交往，而不是"安全泛化"似的担心、害怕、警惕、防范。至少在当前，拥有这份自信、开放的心态非常重要。

在这种心态下，明德战略对话（2024）一系列交流活动，采用"1+4"模式，开创了中外战略学术界沟通交流的新范式，也取得了一些成效。人民日报、新华社、中央广播电视总台、彭博社、俄罗斯卫星通讯社等50余家中外媒体对交流活动进行系列报道，发布150余条中英文原创报道，内容涵盖会议报道、专家访谈、综述稿件等，全网浏览量、播放量近亿次。

其中央视《新闻联播》《朝闻天下》播发报道，外方代表称赞中国式现代化、中国高铁、中国民营经济活力的短视频被广泛传播。《环球人物》等媒体对话嘉宾的深度专访、人大重阳策划的"一对一专访"在相关媒体网站及新媒体平台陆续发布，反响热烈。同时，相关传播效应已在欧美战略界持续发酵，多位嘉宾在个人社交媒体平台上广泛转发中方报道，提升了欧美战略界深度探访中国的巨大兴趣，并引发未来有更多团组来中国的浪潮。

期待明德战略对话（2025），更期待未来每年的明德战略对话。

王文

2025 年 4 月 30 日

目　录

c o n t e n s

第一章

中国人民大学
明德战略对话

时间

2024 年 9 月 3 日（星期二）9:00—16:30

地点

中国人民大学世纪馆

开 幕 式

张东刚：中国发展离不开世界，世界繁荣需要中国
中国人民大学党委书记

尊敬的各位专家、各位来宾，女士们、先生们、朋友们：

大家上午好！中国古语有云："有朋自远方来，不亦乐乎。"非常高兴和大家相聚在中国人民大学，召开"中国式现代化与世界未来"明德战略对话（2024），共同探讨中国与世界的发展之道。首先，我谨代表中国人民大学，对会议的召开表示热烈的祝贺！对各位嘉宾的到来表示诚挚的欢迎！

今年7月，党的二十届三中全会胜利召开。这是在以中国式现代化全面

推进强国建设、民族复兴伟业的关键时期召开的一次具有里程碑意义的会议。全会审议通过了《中共中央关于进一步全面深化改革、推进中国式现代化的决定》，科学谋划了围绕中国式现代化进一步全面深化改革的系统部署，充分彰显了中国共产党以进一步全面深化改革开辟中国式现代化广阔前景的坚强决心。

中国古代经典著作"四书"之一的《大学》中写道："大学之道，在明明德。"意思是大学的宗旨，在于彰显光明的品德。本次战略对话以"明德"为名，就是希望向国际学术界展示一个真实的、光明的中国发展状况，这不仅是深化理论研究之德，深入研究中国共产党二十届三中全会精神，拓展中国式现代化理论研究和发展实践，也是凝聚合作共识之德，搭建共商共议全球发展战略问题的高端战略对话平台，更好凝聚国际社会合作共识。同时，这也是推进全球发展之德，探讨中国式现代化的世界意义，为构建人类命运共同体与创造世界更美好未来贡献智慧与力量。

中国的发展离不开世界，世界的繁荣也需要中国。2022 年 4 月 25 日，习近平主席在中国人民大学考察调研时指出："要发挥哲学社会科学在融通中外文化、增进文明交流中的独特作用，传播中国声音、中国理论、中国思想，让世界更好读懂中国。"在过去的四天中，大家先后访问了上海、义乌、温州三个具有代表性的中国城市，调研了浦东新区、上海进博局、义乌国际商贸城、温州"眼谷"科技园；参访了习近平主席去年曾到访的李祖村，感受中国新农村面貌；深入义乌双童企业、温州商学院、温州湿地公园等地调研交流。重阳研究院的同事告诉我，大家共参加了近 20 场活动，与上百位个体户、农民、企业家、学者、官员进行了交流，收获颇丰。

我们衷心期待各位专家以明德战略对话为平台，深入探讨中国与世界发展所面临的机遇与挑战，进一步凝聚全球发展共识、激发全球发展信心、汇聚全球发展力量，推动中国式现代化事业与构建人类命运共同体伟业同频共振、同向共进。为此，我建议：

第一，共同阐明中国式现代化的科学内涵。深入解读中国式现代化的深远影响，共同探析人类文明新形态的科学内涵和内在特质，共同畅想世界现代化的实现路径和美好前景。

第二，共同总结中国式现代化的实践经验。深入挖掘具有中国特色的发展实践，从中提炼总结并进一步升华为理论成果，为促进人类共同发展繁荣提供有益的建议和务实的对策。

第三，共同拓展中国式现代化的世界意义。结合亲身经历，客观、真实、全面地讲好中国式现代化取得的辉煌成就和对世界的贡献，为持续推进人类社会现代化进程、发展人类文明新形态提供中国智慧。

最后，预祝本次会议圆满成功！祝愿各位嘉宾身体健康、工作顺利！

谢谢大家！

郑新业：全球面临着和平、发展和繁荣的挑战
中国人民大学副校长

尊敬的各位领导、各位来宾，女士们、先生们、朋友们：

很高兴和大家相聚在中国人民大学，共同举办此次明德战略对话。首先，我谨代表中国人民大学，对各位嘉宾的到来表示热烈欢迎！对远道而来的各位朋友表示诚挚的感谢！

2024 年 7 月胜利闭幕的中国共产党第二十届中央委员会第三次全体会议是在以中国式现代化全面推进强国建设、民族复兴伟业的关键时期召开的一次十分重要的会议，是对未来中国改革的又一次全面部署和总动员。这次会议的决定对中国非常重要，我想对当今世界也非常重要。当前，中国面临现代化的问题，而此时全球也面临着和平、发展和繁荣的挑战。

最近，大家都在思考发达国家怎样延续繁荣，发展中国家如何实现发

展，世界又如何维持和平？同时，我们还面临保持经济增长，避免大规模失业，避免通货膨胀等诸多挑战。此外，收入分配问题、最不发达国家的发展和最贫困人口的脱贫问题、污染和气候变化问题，以及国家内部地区之间的发展平衡问题也亟待解决，全世界人民都在推进更好的全球化，让全球化造福全体世界人民。在这样一个中国面临许多发展问题，世界面临和平、发展与稳定问题的时候，我们需要思考未来的发展方向。因此，今天中国人民大学非常荣幸地请来了全球最有影响力的思想家和多位国际战略学术界的专家学者，他们在浙江、上海等地进行了深入的参访交流，对中国近些年的变化和改革成效有了更加立体和真实的体会与感受。关于中国的发展潜力、繁荣的空间以及是否已接近尾声，相信大家都可以在此次参访中获取答案，也期待大家在今天的会议中畅所欲言！与此同时，我们也想说，中国发展与世界发展的关系、中国繁荣与世界繁荣的关系、中国立场与世界和平发展稳定的关系，都应是各位全球思想家们关心的重要议题。

顾爱乐：明德战略对话帮助世界进一步认识真实的中国

欧洲亚洲事务研究所（EIAS）总裁

尊敬的各位学者、各位朋友：

非常感谢能够邀请我来到中国人民大学，我要特别感谢王文院长以及他的团队成功地举办了此次明德战略对话。

我叫顾爱乐，是 EIAS（欧洲亚洲事务研究所）的所长。我们研究所成立于 1989 年，主要致力于欧洲和亚洲相关事务的研究，尤其是东亚以及中国。我第一次来到中国是 1978 年，从那个时候到现在，我见证了中国的改革开放所取得的巨大成就，这些成就值得我们尊重。我们确实看到，中国现在已经成为一个真正发达的国家，并成功实现了从量变到质变的转变。当看待欧亚之间的关系时，我们必须要用长远的视角。一个主要的现象是，欧洲大部分人以及大部分政策制定者，尤其是媒体对中国知之甚少，且对中国以如此之快的速度发生变化的事实并不知情。绝大多数欧洲人仍然基

于他们十年甚至二十多年前的刻板印象来看待中国，但现在的中国已经是一个完全不同的国家。五年前，甚至一年前的中国与现在相比，变化是显而易见的，而且这种变化的速度越来越快。

从新冠疫情开始，我们发现欧洲学习汉学的人逐渐增多。然而在中国生活的欧洲人却有所减少，很多人回到了欧洲。现在对于欧洲来说完全是新一代的人了，他们当中有很多人其实对中国非常了解，很多人曾在中国生活了很长时间，而且他们很多人生活在布鲁塞尔（欧盟总部所在地），并且在一些欧洲的机构工作。因此，从战略角度看，加强人文交流，尤其是在学者和学生之间的交往与交流，显得尤为重要。这样的努力实际上是最好的投资，能够更好地促进欧洲与中国之间的关系。

我们知道中国人民大学是非常知名的院校，我们也可以看到中国人民大学在学术交流方面付出的巨大努力。在比利时的布鲁塞尔，中国人民大学广为人知。我们认为，欧亚之间的关系，尤其是欧洲与中国之间的关系，未来将不断加强，但这需要我们对欧洲和中国有非常全面的理解，尤其是在当前欧盟对贸易投资关系及科技发展的政治化趋势下。其中一个例子是CSDDD，这是欧洲的一个新指令，从 2024 年 7 月 25 日正式生效。这项指令旨在培养可持续发展的理念，并要求企业在经营层面承担责任。这也是在全球供应链中不断传递的信息之一。该指令要求做尽职调查，最主要的目标是实现高维度的透明度，而且要有强制性的关于环境的一些调查，更加关注合规本身。尽职调查要在供应链里实行一些新规则，欧盟的规则会适用于欧盟和非欧盟的企业。尽管中小型企业未被直接覆盖，但也会受到间接的强烈影响，因为它们同样处于全球供应链或价值链中，必须完全遵循这些规则。这项新的 CSDDD 指令将于 2029 年 6 月开始执行，我们必须关注其影响。

总的来讲，这看上去是一个全球化的行动，非常积极，但从现实来看，欧洲和中国的中小型企业或者一些手工作坊的供应链会受到巨大的冲击。我认为其架构和实施形式主要还是针对跨国企业，这非常复杂，可能会导致中国和欧盟之间的关系出现一些临时性的复杂状况。那么欧盟也需要在各成员国之间进行协调，还有与外国专家进行战略性对话。从对话角度来说，明德战略对话（2024）这个平台是非常重要的，我对此表示感谢。这样的对话能够展示中国在经济方面的快速发展。我之前去过上海、义乌、温州，同时也拜访了很多具有创新精神的企业。义乌的小商品市场，真的让我大开眼界。我想借此机会表达我的感谢，感谢王文教授，也感谢中国人民大学为我们举办这样一场对话活动。我们希望以相同的方式推进更多的合作，谢谢！

🎤 郑新业：感谢顾爱乐先生的精彩致辞！我特别注意到您说中国和欧盟之间的共同目标，我们其实有共同目标——世界和平与发展。我也认为，加强我们之间的相互理解特别重要，中国人民大学愿意和你们一起合作，在未来加强学生之间的交流，欢迎来自欧盟的学生到中国人民大学学习交流，也欢迎包括记者在内的欧洲人士到中国人民大学短期交流。同时，我们也愿意与您一起研究如何恢复全球经济的增长，预防大规模失业，以及解决气候变化问题、发展中国家面临的能源安全和粮食安全问题。我们期待和团长先生一起合作，做一些对世界和平发展与稳定有益的事情。再次感谢。下面有请王文院长介绍中国改革发展的相关情况。

王文：两份报告帮助更好研究中国现状
中国人民大学区域国别研究院（重阳金融研究院）院长

谢谢郑校长，谢谢各位嘉宾。过去四天，我有幸和今天在座的所有外宾一起到访上海、义乌、温州。在此过程中，我从各位身上学习到了许多宝贵的观点和思想。大家从细微之处观察中国的现状，回到北京后，我想向各位推荐两份报告。这两份报告是过去几个月我们向全世界发布的，大

概有 20 个国家都报道了这两份报告的核心内容。这将有助于各位通过细节观察中国，并从更长远的视角看待中国的未来。

第一份报告是我们 3 月底发布的《五国合作智库报告》。在这份报告中，我们引入了一个概念叫"大国复利"，旨在表达通过不断累积所带来的复利效应。过去 40 多年，中国也是通过不断地累积收获了收益的稳定性、长期性和可持续性。这份报告从新民生、新消费、新制造、新基建、新服务五个方面向各位介绍了中国当下的发展状况，并展望了到 2035 年中国可能出现的十大指标。

在此基础之上，8 月 5 日，也就是 20 多天前，我们又向全世界发布了第二份报告，主题为"攻坚"。这份报告围绕党的二十届三中全会背景，介绍了过去十多年中国所推进的改革措施。我们讲述了六大斗争——反贫困、反封闭、反污染、反腐败、反霸权和反危机。在此基础上，我们还说明了未来到 2029 年和 2035 年中国将实现的改革成就。通过这两份报告，我希望各位外国朋友和嘉宾能够更好地分析和研究中国的现状及未来。

因为时间有限，我想直接从郑校长那里接过主持人的任务，进入讨论环节。

战略对话 1：　"中国式现代化与世界：新机遇与新挑战"

王文：本次研讨会的第一环节主题为"中国式现代化与世界：新机遇与新挑战"。我们邀请了 9 位中外嘉宾参与讨论。因为时间有限，希望各位控制发言时间在 5 ~ 7 分钟。

首先，欢迎来自美国宾夕法尼亚州立大学的白轲先生。他对中国的观察非常细致，昨晚他特意撰写了一篇发言稿，并且还有一个问题要提出。有请！

白轲：中国式现代化进程可能遭遇的外部挑战
美国宾夕法尼亚州立大学法学与国际事务学院教授

我非常感谢中国人民大学的远见卓识，尤其是重阳金融研究院院长王文的出色组织工作。今天，众多顶尖的学者和官员齐聚一堂，讨论一个对中国和世界都具有重要意义的问题——中国社会主义现代化的性质和影响。这不仅是新时代中国政治理论的重大发展，也是这种形式的现代化对世界所代表的原则力量体现。尤其是来自丝绸之路沿线国家的朋友们，许多人现在在北京参加中非峰会。

为此，我努力学习了最近在中国共产党第二十届中央委员会第三次全体会议上通过的《中共中央关于进一步全面深化改革、推进中国式现代化的决定》（以下简称《决定》）。

我想提出一个问题，涉及我对三中全会原则基本含义的理解，并希望就以下几点寻求指导。

1. 我从新时代社会主义现代化的根本问题开始。社会主义现代化是党的

根本义务的体现，党是社会的领导力量，确保在每个历史发展阶段，生产力能够应对当前的主要矛盾。社会主义现代化是一个全方位的概念，在我看来可以归结为六个关键要素。

第一，它是中国的。在将理论原则转化为文化政治共同体的具体实践中，国家特征至关重要。现代化可能是普遍的，但其表现形式不可避免地具有地方性。

第二，它是社会主义的。这需要一种非常具体的方法来理解国家生产财富来源（人力和其他资源）与国家政策之间的关系。当与第一原则相结合时，人们谈论的是具有民族特色的社会主义。

第三，它以国家力量中生产力的核心作用为前提。生产力原则源于古典马克思主义，指的是人类生产力与生产资料的结合。在中国社会主义中，生产力发展理念成为中国特色社会主义现代化的中心要素。

第四，它的前提是必须将生产力应用于一组特定的任务。在这种情况下，就是沿着社会主义道路前进，理想情况下实现共产主义社会。

第五，现代化是动态的。现代化必须与时俱进，在成功的基础上再接再厉，并从过去的挑战中吸取教训。

第六，现代化是中国当前历史时期的一个综合概念。中国已经将 19 世纪最初的生产力概念从以经济生产为中心发展为包括国家的全面发展和中国在世界上的生产作用。

这些核心要素共同为理解社会主义现代化建设的作用、过去多年来获得的见解和经验以及不断全面深化改革实践的合理化提供了框架。

2. 这就引出了一个问题，我希望这群杰出的学者和官员可以帮助我正确思考。问题的关键在于，党自身必须在多大程度上和以何种方式将社会主义现代化的原则，特别是习近平总书记已经深入阐释过的原则，应用于自身组织，以其生产力为中国沿着社会主义道路前进作出贡献。

在习近平总书记的领导下，作为三中全会关于发展社会主义现代化理论的核心，显然，要应对当前社会主要矛盾的挑战，需要集中全国所有生产力。这些生产力反过来又成为社会主义现代化的引擎，涵盖社会、文化、经济和政治领域的全部生产能力，并与中国国际地位保持一致。

现在人们已经很好地理解了这些必要的变化也需要观念的改变——从生产性生产力转变为新质生产力。强调创新、与时俱进、面向未来。新质生产力的全面应用为实现社会主义现代化指明了前进的道路。

3. 社会主义现代化原则，特别是社会主义现代化新质生产力的概念如何适用于党及其机关工作的问题。

问题源于：社会主义现代化适用于哪些生产力？传统上，重点是经济生产。在新时代理论下，它已经扩大到所有产生经济、社会、文化财富的社会力量，即为沿着社会主义道路积极发展作出贡献的力量。人们可能会说，生产力被物化为国家资产，而国家资产的总方向是由党及其对国家咨询机构的领导所决定的。

然而，从列宁主义的角度来看，最关键的生产力是其领导力量——中国共产党及其国家机器、群众组织、咨询和结盟机构。事实上，二十届三中全会提出的"四个迫切需要"让人们感受到党及其机关通过新质生产力原则进行社会主义现代化建设的中心地位。这与第一、第四项的紧迫性尤为相关：迫切需要实现新时代、新征程的党的中心任务；迫切需要推动党和国家事业稳步发展。

4. 这是一个可能有助于阐述二十届三中全会报告中全面改革纲领的中心问题：在社会主义现代化新时代原则下，全面深化改革的责任是否始于并包括党及其国家机器，因为它们是中国新质生产力的核心要素。

这为这些问题提供了框架，我希望这群杰出的学者和官员可以帮助我们正确思考：

（1）作为新时代社会主义现代化的关键因素，新质生产力必须在党的领导下进行吗？这种领导权必须通过党本身的社会主义现代化来行使吗？

（2）党是否应该在自己的工作作风中全面实践在新质生产力创新中为所有群众组织树立榜样？

（3）如果党不是作为国家的领导和指导力量，在把自己的原则应用于自身的过程中发挥领导作用，群众组织中能有深刻的社会主义现代化吗？

在这种背景下，也许可以从以下基本原则开始：（1）党以身作则；（2）通过经验和社会信用制度嵌入创新的科学技术；（3）大型技术创新和智慧城市已经表明，党及其机构在创新和确认时代需求方面以身作则。

我希望从下面的讨论中学到很多东西。

谢谢。

🎤 **王文**：谢谢白轲教授，您学习二十届三中全会精神比我还认真，还提出了很多更为重要的问题，比如说党如何领导新时代新质生产力的升级，党的角色、党的执行力等，这也是我们现在全力推动的一个非常重要的任务，特别感谢白轲教授。下面有请中国国际问题研究院副院长刘卿教授。

刘卿：中国与世界相辅相成

中国国际问题研究院副院长

对于中国式现代化的世界意义，我想从三个视角谈谈我的看法。

第一，从定义本身来看，现代化是近代以来世界历史演进的基本趋势。世界各国都在各自的现代化道路上不懈地探索，而中国人民也在历经曲折、艰辛中不断追求现代化。新中国成立以来，特别是改革开放以来，中国的现代化建设取得了举世瞩目的成就。党的十八大以来，中国式现代化更是在理论和实践中取得了新的突破。中国式现代化既有各国现代化的共同特征，也有基于自身国情的中国特色。总而言之，中国式现代化是物质的现代化，也是人的现代化，更是制度的现代化，强调物质、制度和人的均衡发展，是经济、社会、文化的全方位现代化。

第二，从发展过程来看，中国式现代化为世界的发展提供了全新的机遇。

一是中国成为世界经济增长的最大引擎。自 2006 年以来，中国对世界 GDP 增长的贡献率稳居世界首位。根据国家统计局发布的数据，2013 年至 2021 年，中国对世界经济增长的平均贡献率超过 30%，居世界第一。另据经济合作与发展组织（OECD）预测，到 2040 年中国对全球 GDP 的贡献率将达到 24%，并将长期保持世界经济增长第一大贡献国的地位。

二是中国成为新型全球化的引领者。在当前逆全球化的背景下，中国坚持改革开放这一主线，连续七年举办进博会，与相关国家和地区加快签订和升级各种自由贸易协定，引领全球化进程。

三是中国式现代化为世界现代化提供了新的范例。中国式现代化从一开始就从其独特的文明特质和国情出发，开辟了一条与西方现代化模式不同的新路径，这一路径为其他发展中国家提供了宝贵的经验和参考，包括中国在现代化道路上的实践探索、理论创新等方面的经验。

从发展方向来看，中国式现代化将在未来释放巨大的发展潜力。党的二十届三中全会的召开标志着中国式现代化迈向新阶段，将为世界的发展提供新的机遇。

一是更为深度的改革。党的二十届三中全会《决定》提出 300 多项重要改革举措，覆盖了中国式现代化的方方面面，这些改革不仅将为中国式现代化提供重要动力，也将为其他国家提供统筹推进经济、政治、社会、文化、生态等方面发展的可资借鉴的经验。

二是更大程度的开放。《决定》对对外开放作出专门部署，包括深化外贸体制改革、外商投资和对外投资管理体制改革，优化区域开放布局以及完善推进高质量共建"一带一路"的机制等，特别强调要稳步扩大规则、规制、管理、标准等制度型开放，这意味着中国的对外开放将更加制度化和规范化，中国将以制度性改革更好地融入全球经济体系。

三是更强力度的创新。《决定》强调要加快形成新质生产力，通过技术创新和产业升级推动传统产业转型升级，并培育新兴产业。在体制机制创新、科技人才培养、企业创新能力提升等方面，将推出一系列配套的政策和改革措施。

总之，中国式现代化是全球现代化进程的重要组成部分。中国的现代化建设离不开世界，世界的现代化建设也离不开中国。中国追求的不是独善其身的现代化，而是希望与各国携手实现和平发展、互利合作、共同繁荣的全球现代化愿景。展望未来，中国的现代化进程将以更加开放和包容的姿态与世界接轨，进一步与世界现代化形成良性互动，相辅相成，共同铸就人类历史上的新篇章。

　　🎤　王文：谢谢刘卿院长，下面有请马丁·雅克先生。大家都对马丁·雅克先生非常熟悉，他的书籍在全球范围内畅销。有请马丁。

马丁·雅克：中国将成为世界最大的现代化出口国
英国剑桥大学政治与国际关系学院前高级研究员

尊敬的各位来宾、女士们、先生们，我想要探讨一个问题，那就是中国的现代化对全球的重要性，以及我们可以从全球的现代化进程中学到什么。经历了近百年的屈辱之后，中国开始了现代化的进程。我们可以看到，1978年的改革开放是这一进程的转折点，中国因此取得了巨大的经济进步。在改革开放的早期，中国在一些关键领域仍然是技术的借鉴者，主要依赖来自西方的技术。然而，自2010年以来，中国逐渐展现出强大的创新能力，华为、腾讯等公司已成为全球领先的科技企业。在这个过程中，中国成为全球的科技巨头，这是一个巨大的历史性转变。

我们可以看到，历史上的现代化主要是由西方推动的，在亚洲则是由

日本推动。但是现在形势完全发生了改变,为什么呢?这是因为在过去,绝大多数国家仍处于殖民状态。例如,像英匡这样的殖民者通过殖民政策实现了快速的工业化,同时压制了其控制的殖民地的现代化进程。因此,发展中国家在二战后才有机会实现现代化。这也让我们看到了中国式现代化所具有的重要意义。自 1945 年起,中国就将自己视为发展中国家的一部分,尽管当时中国相对落后,处于半殖民地状态。直到今天,中国仍然把自己看成发展中国家,很重要的一个例子就是"一带一路"倡议。中国希望能够帮助发展中国家,包括欧亚大陆、拉美,还有非洲的发展中国家。我们可以看到中国也把帮助发展中国家作为它的外交政策的一部分,实际上照顾了占全球 85% 人口的发展中国家,这些国家的 GDP 占全球的 65%。中国式现代化不仅改变了自身的发展,同时也改变了发展中国家的现代化进程。现在看来,中国是世界最大的现代化输出国。

中国对现代化这个概念的理解和意义是什么?中国和美国对这个概念的理解有什么不同?以何种不同的方式体现?只有在当前的背景下,我们才能提出这些问题。因为在过去，中国和美国的发展阶段各异，现代化的一个非常重要的核心点是能够推动发展。中国对一些关键价值观有着自己的认识：它重视社会关系以及个人与团体之间的关系，而美国则有其独特的视角，认为社会是由无数个体组成的集合。中国是一个文明型国家，文明是社会的基础，美国可能对于这样一个概念有不同的观点，因此在发展过程中，中美之间会存在差异。马克思理论中曾特别强调了二者之间的差别：美国仍然依赖市场来推动创新，而中国则相信规制市场和个体行为的意义和作用。比如美国的社交媒体基本不受政府管制，导致年轻人对智能手机等事物产生依赖；但是中国不一样，采用的是一种控制性的手段，对有害、有依赖性的电子产品和内容进行过滤和规制。

另一个越来越清晰且值得分享的趋势是，中国的生产制造会更加先进、更加强大，中国的电动汽车就是一个经典的例子。就像美国的福特汽车在20世纪初期对生产模式进行了一次革新一样，中国的新能源汽车企业如比亚迪，实际上也在形成一种新的生产模式。

关于美国及其盟国（如日本）之间的关系，我觉得用"听话"来形容可能不太贴切。现实的情况可能是，从二战结束之后，日本一直生活在美国的阴影之下。我理解，日本与美国之间的关系是一种有限主权的关系。日本在某些领域的行为不能由自己决定。《菊与刀》是一本了解日本的好书，而对日本文化的了解是理解日本运转方式的前提，因为日本文化和中国文化有所差别。美日关系也是美日两国在日本重新融入亚洲过程中决策的产物。二战后，德国进行了彻底的整改，因此重回欧洲体系，但是日本并非如此。日本侵略了邻国，但是并没有进行直接道歉，也因此与邻国有历史遗留问题，在区域融合上有根本的障碍，导致日本与邻国关系不睦。

我再对日本被列为民主国家这件事做一点补充。二战后至今，除了两次短暂的下野，日本基本由自民党这一个政党执政，将日本划分为民主国家，可能是基于西方中心式思维。

在欧洲对中国新能源产业出口征收关税方面，我们看到关税的使用，尤其是在电动车以及其他一些事务上，西方开始在自由贸易方面出现反转，全球化方面也是如此。所谓"国家安全"也是征收关税的理由之一。从欧盟的角度来看，中国在电动车领域的出色表现使得欧盟国家感到受到中国制造的威胁。2015 年中国政府出台了《中国制造 2025》，目标是到 2025 年使十个中国产业都具有全球竞争力。现在已经 2024 年了，离 2025 年只差一年的时间，我们看到中国生产的电动车正如这一计划所要求的那样，非常有竞争力。像韩国、日本、德国的这些车都无法与之相比。所以我认为中国在这个领域所取得的成就，让欧洲和美国看到了中国在关键产业方面的体制和体系优势，这是之前欧洲和美国未曾想到的。此外，我们也看到许多中国公司在这一领域表现出色，中国的电池产业也是毋庸置疑的领先者。

对于支柱产业进行补贴不是什么新鲜事，德国其实也长期补贴自己的汽车产业。但是我觉得我们必须面对现实，那就是中国在这方面做得更好，我们应该向中国学习。如果中国能够在电动车领域取得优势，那么也可以在其他产业上取得优势，包括绿色科技、太阳能电池板等。实际上我想说，这样的优势是会蔓延的。我并不完全理解欧盟一些政治家的看法，尤其是德国对中国生产的汽车征收关税会导致大量在中国生产的德国品牌汽车被征税。同时，欧洲各国的工业政策在帮助自己的企业从利润丰厚的传统汽车向新能源汽车转型方面也非常失败。

🎙 **王文：**谢谢，有一句话特别令我印象深刻："中国成为当下现代化最大的出口国。"这句话让我受益匪浅。下面有请外交部公共外交咨询委员会委员，中国驻芬兰、菲律宾、捷克前大使马克卿。

马克卿：中国式现代化的世界意义与面临的全球机遇

外交部公共外交咨询委员会委员，中国驻芬兰、菲律宾、捷克前大使

尊敬的各位领导、各位中外嘉宾，今天非常荣幸能够出席这个研讨会并与各位嘉宾共同探讨中国式现代化的相关议题。我想就中国式现代化的世界意义讲几点观察和思考。

第一，关于中国式现代化为世界提供了哪些机遇，我想讲四点。

1. 中国式现代化是走和平发展道路的现代化，摒弃了对外扩张掠夺的西方现代化老路。中国走和平发展道路不仅仅是政策宣传，而且写入宪法，有制度性保障，这在全世界是独一无二的。中国不仅自己走和平发展道路，而且为世界和平奔走。大家知道，前段时间，中国促成沙特与伊朗的和解，推动巴勒斯坦各派的和解。中国是联合国安理会常任理事国，是一个核国家，是世界第二大经济体，作为这样一个体量的国家，推进和平发展道路

的现代化，成为世界和平力量的增长点，为世界和平发展注入了非常重要的稳定性和确定性。

2. 中国式现代化最本质的特征是中国共产党领导的社会主义现代化。也正因为如此，它可以使中国 14 亿人口整体迈向现代化。改革开放 40 多年来，中国有 7 亿多人口摆脱了贫困，对全球减贫贡献率达到 70%，中国经济持续高速发展，对世界经济增长的平均贡献率在 30% 以上。中国推动经济高质量发展，扩大高水平对外开放，提出共建"一带一路"的倡议，这些都为促进全球经济发展提供了中国机遇。

3. 中国式现代化打破了"现代化等同于西方化"的迷思，开辟了后发国家走符合自身国情的发展道路、实现现代化的新路径，为发展中国家提供了全新的现实选择。实践证明，这条路走得通，增强了发展中国家实现现代化的信心，对发展中国家起到了鼓舞和带动的作用。所以我们也可以看到，全球南方国家对中国式现代化的关注度和欢迎程度不断提升。

4. 中国式现代化创造了经济持续快速发展和社会长期稳定的两大奇迹。这与一些西方国家司空见惯的周期性经济危机、贫富两极分化和社会动乱频繁形成鲜明对照，为国家治理提供了有益经验。

中国要进一步全面深化改革，继续推进中国式现代化，不断为世界提供新的机遇。

第二，我们也要清醒地看到面临的挑战。

在百年变局深刻演进中，世界正在经历两场热战和地区冲突，各国都不同程度地受到其影响。同时，我们还面临人口、气候变化、可持续发展等共同的挑战。在国际关系中，冷战零和思维沉渣泛起，使国家间的关系泛安全化、集团化、意识形态化。一些国家动辄对别国实施制裁、施压，经济上搞"脱钩""去风险"，以"产能过剩"为借口搞保护主义，打压中国的先进产品。这些做法对国际秩序和全球经济正常发展造成干扰和破坏，也给中国式现代化推进的外部环境带来挑战。

为了维护地区和全球的和平稳定，促进共同发展，各国需要同舟共济。习近平主席提出构建人类命运共同体、全球发展倡议、全球安全倡议和全球文明倡议，为应对全球挑战贡献了中国智慧和中国方案。着眼于构建人类命运共同体，世界上的各种现代化应该相互交流借鉴，在发展中共同战胜各种挑战，不断完善，以造福本国、本地区和全人类。

谢谢大家！

🎤　王文：下面有请美国威尔逊中心研究员、美国北卡罗来纳大学的克劳斯·拉雷斯教授。

克劳斯·拉雷斯：中美欧应降低"敏感度"

美国威尔逊中心研究员、美国北卡罗来纳大学教授

　　我叫克劳斯·拉雷斯，是美国威尔逊中心全球欧洲与基辛格美中关系研究所的研究员，也是美国北卡罗来纳大学教堂山分校的教授。今天这个对话非常精彩，非常有战略性，我认为我们需要开展更多的对话，而今天的讨论提供了一个很好的平台。

　　我们首先讲到中国式现代化与世界未来，我更加关注世界未来，这个话题很大，我可以从多个角度讲未来 5—8 年的情况。我们都同意可持续发展、繁荣与和平应该是未来的主旋律。我也意识到，全球各个角落可能存在的不稳定性和波动值得关注。过去 20 年中，中国已经崛起为一个大国。有些人称中国为超级大国，或者是一个负有全球责任的大国。对此我想提出四点建议。

第一，中国应该为解决俄乌冲突作一些贡献。我们知道现在中国正就此事开展外交工作，希望能够解决或者阻止俄乌战争。我想提一下，最近我在《南华早报》上发表了一篇文章，讨论了中国的外交。在瑞士召开的俄乌和平峰会并不成功，因此我觉得还是要有一个大型的论坛、峰会来讨论俄乌战争，而今天中国有这个机会，可以和南非、巴西、土耳其、美国以及欧盟国家召开这样的会议。在许多国家，尤其是西方国家的认知里，中国并非中立国家，他们认为中国倾向于俄罗斯，特别是在持续向俄罗斯出口货物这一问题上。印度和南非在这方面也面临着类似的争议。所以我建议，中国应努力促成停火谈判，并在和平峰会上发挥积极作用。中国要和各方合作开展这种穿梭外交，而且政策不要那么偏向俄罗斯。我相信这样的大型和平会议能够实现和平，恢复稳定，停止战争。目前，参战双方都在考虑停火，或至少在考虑参加停火谈判，但全球在这方面的进展仍然有限。两国都已精疲力竭，因此组织和平大会的机会是存在的。中国应该承担起这样的责任，完成历史使命。乌克兰在停火期间不应被要求割让领土。如果这样的和平对话成功，将有助于塑造中国作为大国的良好形象，同时也是修复与欧盟国家和美国关系的良好机会。

第二，我们也要有更多的人文交流，今天这个大会应该是这种交流之一。因此，不仅政客和政策制定者需要参与，普通人也应参与，特别是年轻人。无论是西方国家，还是中方，我们都知道现在只有千名左右的美国学生来中国，我觉得这个比例太小了，应该再扩大一点。欧盟国家的年轻人也应该来中国学习。在西方国家学习的中国学生很多，但我觉得可以更多，因为我相信人们之间的交流可以带来很多益处，促进合作与交流，更重要的是带来一个和平的世界。

第三，我们需要保持军事和政治方面的沟通渠道畅通。近年来，台海局势导致台海两岸、太平洋两端的军方沟通不畅，但旧金山会晤在一定程度上弥合了一部分分歧。通过这样一种渠道，可以更及时地解决危机，这需要军事和政治方面的共同交流。

第四，各国各方应该降低自身的敏感度，尤其是在南海问题和台湾问题方面的反应。有时，如果出现一些失控的行为，我们不应将对方视为挑衅者。因为如此一来，敏感的一方可能会采取升级反击措施。美国和欧洲不希望对南海问题进行军事方面的挑衅，同时也希望能避免与中国以及世界其他地方的军事冲突。对于台湾"独立"，美国和欧洲也没有任何兴趣。过去是这样，在未来也希望保持这样的状态。对于美国来说，我们相信台湾海峡和南海实际上是国际水域。这样的争端需要通过沟通和对话来解决，而不是立刻进入一种挑衅性或挑战性的状态。

最后，我相信我们有很大的潜力来改善全球环境和稳定局势。正如今天我们通过对话克服各种困难和阻碍，我们也可以在更高层次上做同样的事情。通过对话，我们可以克服当前问题，使世界更加稳定繁荣，甚至重塑和平。我们坚信中美两国会承担起这一重大责任。谢谢！

🎙 **王文：** 对于美国在世界上建立大量联盟的现状，需要理解的是，美国的盟国并非单纯地"听话"，而是基于自身的视野和战略意义，选择了与美国结盟。在德国、日本两个案例中，这种选择符合它们各自国家的利益。德国在二战后以及冷战后分别面临来自苏联和俄罗斯的威胁。日本则感受到的是来自中国的威胁。日本还是忌惮中国，在这种忌惮达到某种程度之后，它就和美国保持一致。我们可以看到，日本和韩国之间的关系也曾经非常紧张，但它们有着共同的忌惮，那就是中国。无论它们的想法是否正确，它们在国家利益上选择与美国保持一致，这并不是所谓的"听话"。美国并没有告诉日本要听话，但日本自己得出了这样的结论。

韩国的情况也是如此。在冷战期间，朝鲜和苏联的威胁促使它们选择与美国结盟以寻求解决方案。在德国、日本和韩国，绝大部分民众都支持与美国保持一致的立场。尽管这可能需要付出代价，比如支付美国的保护费用。美国驻韩国和日本的军队并不是免费的，这些驻军是由它们支付真金白银来维持的。美国没有强迫这些国家，而这些国家本身也是民主国家。每个国家都有权投票否决自己的政策。

再看北约的例子，冷战结束后，很多国家都加入了北约。不管这种选择是否正确，它们都希望加入。像波兰、捷克等国家，它们非常忌惮当时的苏联。它们都希望加入北约，美国没有要求任何国家加入北约，这些国家是自愿选择加入。

对于这些国家来说——至少是它们自己的解读——这么做是符合它们的国家利益的。

关于欧盟贸易战，我同意马丁·雅克先生刚才所说的，德国的立场实际上有些自相矛盾。中国展示了战略性思考，比如《中国制造2025》。我们也可以看到一些新的指标，表明国家和政府的角色实际上更加聚焦于经济，比任何西方国家都更为专注。我知道大部分的西方国家可能并没有进行这么多补贴，但是考虑到中国政府对一些产业的支持是非常显著的，尤其是在电动车和电池产业方面，得到了政府的很多支持。这并不意味着中国的产品不好或缺乏创新，恰恰相反，国家的支持使得这些产品更具创新性。

然而，如果我们从欧盟或欧洲国家的角度看，它们担心大量进口中国电动车，可能会导致本国公司在竞争中消失。如果所有重要的技术或产品都依赖于一个国家，这将是一个巨大的风险。疫情防控期间，我们都经历了口罩短缺的困境，因为中国自身也需要口罩。欧洲和美国在生产口罩方面面临很大困难，因为所有的供应都依赖于中国。太阳能电池板的情况也是如此。因此，欧盟认为必须有自己的电动车生产能力，即使价格可能更高，也不能完全依赖某一个国家的供应。其实对欧盟来讲，它认为如果没有保护主义，整个欧盟自己的电动车产业就会被扼杀。我对此也有一些共情，尽管原则上在国际经济中加关税并不是一个好的做法。

对电动车产业来说，包括宝马、奔驰还有大众，它们很多年前就应该开始研发生产电动车了，但它们没有。当然，中国可以按照自己的想法去补贴，但是不能强迫其他国家接受这种补贴。从欧洲角度看，核心问题在于它们希望保持自己的电动车生产产业链，不希望被其他国家独占，从而失去自己的产业。我想这实际上也是具有创新性的实践，它不想放弃这个产业，然后完全依赖于其他国家。它其实不是反中国，它反对的是倾销，同时也带有一定的保护主义色彩。

过去四天我和克劳斯·拉雷斯先生一直讨论交流，我们成了很好的朋友，你的很多观点我都赞同，也有一些不同的看法。例如，不能将中国与俄罗斯保持正常的主权国家贸易关系视为中国亲俄。我经常和很多美国朋友说，如果中国真的亲俄的话，中国做的最重要或者最直接的一件事情应该是向俄罗斯出口无人机，因为全世界 70% 的无人机都是中国制造的。如果中国真的给俄罗斯出口无人机，俄罗斯还能打成这个样子吗？早就赢了。从这个角度上讲，我们和俄罗斯保持正常的贸易关系，和乌克兰也保持正常贸易关系。前几个星期乌克兰外长还到中国来，还对中国的支持表示公开的感谢。因此，如果说中国亲俄的话，中国也同样亲乌。实际上，中国与俄罗斯、乌克兰两国都保持着良好的关系，乌克兰也是中国非常好的战略伙伴。从这个角度上讲，中国在劝和促谈方面作出了贡献。但是在绝大多数中国人看来，美国应该承担更大的责任。我们总是认为美国不应该再向乌克兰提供武器，那样会造成更多乌克兰人、俄罗斯人死亡，这是绝大多数中国老百姓不愿意看到的。的确，我也非常赞同你刚才讲的，台湾和南海问题确实很敏感，但我们认为南海问题离美国很远。如果中国军舰也经常开到加勒比海去，美国人会怎么想？我也赞成需要对话，相互尊重、相互理解，在这个问题上我们一路讨论得非常多。

克劳斯·拉雷斯：是的，这也是我们要在这里展开对话的原因，就是要求同存异，了解不同的立场。

王文：下面有请北京大学中国经济研究中心主任、国家发展研究院原院长姚洋教授。

姚洋：世界需要中国的"务实主义"
北京大学中国经济研究中心主任、国家发展研究院原院长

我觉得今天大家讨论的中国式现代化问题是一个非常根本的问题。对于发展中国家来说，中国推进现代化、发展经济是一个非常具有哲理的课题。国际社会需要更加务实的态度。实用主义作为中国本土的一种哲学理念，体现了中国脚踏实地、务实的精神。正是凭借这种精神，白手起家的中国取得了今天的重大成就。

新中国历史上最初的 30 年，是用马克思主义来改变中国，这展示出中国的开放性，因为马克思主义是西方的哲学理念，中国开放之后拥抱了这样一个理念，并且用它来进行自我转型。因此很多人认为这 30 年中国是闭关锁国的，这种看法并不现实。实际上，中国在这段时间内也吸收了西方的思想，尤其是马克思主义，其目的在于改变社会和世界。改革开放后，中国采纳了务实的理念，和许多发展中国家一样，从劳动密集型产业开始发展。一开始，中国的人均 GDP 只是菲律宾的 1/5，同时也比印度低 60%，现在中国的人均 GDP 是印度的 5 倍，是菲律宾的 3 倍。这一快速的经济发展让我们看到了务实发展理念对经济增长的巨大作用。

　　另外，还有很重要的一方面，就是中国共产党的务实，党进行了体制改革。世界上有很多最佳实践的经验，我曾经作为世界银行的专家参与推广全球最佳实践。但中国没有采纳西方所倡导的很多最佳实践，而是采用了循序渐进的改革方法。在过去的几年中，中国如最佳实践所倡导的那样，取得了显著的成功。白轲刚才问了一个问题，如何在党内实施新质生产力。实际上中国共产党已经在这么做了，正在进行自我革新。

　　另一方面中国政府也在积蓄实力。不光是产业方面的实力，也包括大学方面的实力。今天北京大学和清华大学在全球排名中位列前25，超过了许多欧美大学。20年前，北大和清华的排名在200名之外，而在短短20年内，它们已成为全球顶尖高校。这不是因为中国自然而然就实现了这样的目标，而是党和国家有意识地提升中国高校在全球大学的排名和实力。这也帮助中国积累了非常雄厚的工业和产业基础。即便在今天，务实依然至关重要。这不仅对发展中国家如此，对于在座的大多数来自美国和欧洲的人来说，当中国将自身的发展理念传播到发达国家时，也应更加务实。人们有时会忘记西方是如何发展到今天的。事实上，每个国家都有不同的国情，如果中国对其他国家指手画脚，反而可能会扼杀它们的发展。

我也在南南合作研究学院教授课程，来自不同国家的学生听我的课，他们为什么到中国学习、向中国学习呢？因为中国的发展和经验非常好、非常务实，能够为他们所在的国家提供切实可行的方法和技术。虽然在西方国家可以学习到许多原则和法则，但这些原则和法则并不能直接帮助他们实现实际的成长。因此，务实主义不仅对发展中国家具有重大意义，同时对整个国际社会也同样重要。

🎤 王文：下面有请 OECD 中国经济政策研究室主任马吉特·莫尔娜教授。她是中国人民大学 1988 级本科生，现在在经合组织领衔中国研究的团队，过去 20 年都在从事相关研究，有请。

马吉特·莫尔娜：中国须转变经济增长模式
OECD 中国经济政策研究室主任

非常感谢邀请我今天参加这个交流活动，很高兴回到母校，也非常感谢给我们提供这几天的体验机会。义乌我是第一次去。温州大概 20 年前去过，但这 20 年来发展得非常迅速。因此，我很高兴在 20 年后再次有机会回到温州，看看它的发展状况。

今天我想谈一谈中国式现代化的一些挑战和机遇。

我觉得最大的挑战就是找到一个新的经济增长模式。到目前为止，中国的经济增长模式就是一个典型的靠要素投入的模式。剩余的农村劳动力

转到城市，在城市工厂工作，同时也需要依靠投资。有人经常说中国投资已经过剩了，这一观点我不太认同。虽然中国的资本储蓄增长很快，但是看人均资本储蓄量，还是比发达国家低一些。虽然某些领域的资本储蓄量较高，但仍有其他领域可以继续积累资本。然而，这种模式是不可持续的，因此必须寻找新的经济增长模式，这是最大的挑战。而且，这个新的模式必须依靠生产力，而不是单纯依赖要素投入。要提高生产力，必须进行结构性改革。

那应该进行什么样的结构性改革呢？按照我们的一些估算，可能对经济增长最有影响的是产品市场方面的改革。例如，垄断有三种类型：第一种是自然垄断。二十届三中全会也提出了自然垄断的处理方式，主要是把垄断的基础设施服务分开，以促进服务领域的竞争。这在其他国家，尤其是我们的一些成员国中是普遍的做法。第二种是行政垄断，行政垄断必须撤销。我们几年前报告的主要内容就是行政垄断，我们把行政垄断分离出来，看了所有的例子，发现行政垄断并不是集中在老产业，而是集中在新兴产业中。尤其是在计算机领域，行政垄断现象最为严重，因此这些行政垄断必须被撤除；第三种垄断是市场垄断，市场垄断必须用《反垄断法》来处理。

所以二十届三中全会提出了要深化改革，只有通过这样的结构性改革，才能实现相对平稳的经济增长。虽然可能不再像以前那样高速，但仍能保持一定程度的可持续增长。所以我觉得这不只是一个挑战，也是一个机遇，谢谢大家！

🎤　王文：谢谢马吉特·莫尔娜师姐，刚才你讲的很多我也赞同，的确二十届三中全会提到要素市场化和统一大市场，这些都在推动中国下一步市场改革的进程，特别感谢。

下面有请中国现代国际关系研究院副院长楼春豪教授。

楼春豪：中国式现代化对全球南方的四大启示
中国现代国际关系研究院副院长

非常感谢中国人民大学邀请我参加此次战略对话。我的研究主要是围绕发展中国家（特别是印度），这些国家是现代化的后发者。我今天主要结合自己的亲身经历与研究心得，分享中国式现代化对全球南方国家的启示。我的发言可以用 4 个 "S" 来概括。

第一个 "S" 是 Stable（稳定），主要指政治稳定。中国式现代化是中国共产党领导的社会主义现代化，党的领导确保了政局稳定、社会大局稳定，确保了现代化奋斗目标的持续推进和一以贯之，也就是 "一张蓝图绘到底"。新中国成立以来，我们先后提出了 "四个现代化""面向世界、面

向现代化、面向未来"等目标，并在新时代进一步推进和拓展中国式现代化。这一过程始终保持着一致性。然而，我研究的许多国家因盲目采用并不符合本国国情的西方民主制度，导致政局不稳、社会动荡，现代化进程严重受阻。因此，第一个启示是政治稳定是现代化的基础。

第二个"S"是 Sustainable（可持续），主要指经济发展的可持续。在特定的历史条件下，许多发展中国家在推进现代化的过程中，很难避免对"速度"和"规模"的追求，但这种粗放式增长模式是不可持续的，往往会导致持续的环境污染等问题。浙江是习近平总书记提出"绿水青山就是金山银山"理念的发源地，现在早已告别"脏乱差"，呈现出"美丽浙江""美丽乡村"的景象。因此，第二个启示是必须走可持续发展之路。

第三个"S"是 Shared（共享），主要指现代化的成果是全体人民共享。现代化不是有你无我、非赢即输的"独木桥"，而是相互合作、互利共赢的"阳关道"。现代化不能"吃独食"，而是要"懂分享"。所以，在国际上，中国提出了人类命运共同体的理念，愿意与发展中国家分享我们的改革红利、发展红利和开放红利，也呼吁发达国家向全球南方国家提供更多的发展援助。在国内，我们倡导全体人民共同富裕，坚持发展为了人民、发展依靠人民、发展成果由人民共享。以基础教育为例，1999 年，中国有一部非常有名的电影叫《一个都不能少》，讲的就是基础教育的问题。现在，中国已经建成了世界最大规模的义务教育体系，义务教育普及程度达到世界高收入国家平均水平，为中国式现代化奠定了坚实基础。因此，第三个启示是现代化成果必须由全体人民共享。

第四个"S"是 Special（特别），主要指每个国家的现代化道路都是独特的。现代化道路不是仅有几种固定答案的"选择题"，更不是只有西方化这一种答案的"单选题"，而是各国基于自身国情自主发展的"填空题"。学习借鉴是可以的也是必需的，但照搬照抄是不行的。简单的"复制粘贴"只会导致水土不服的情况，极端情况下甚至是"一键删除"。因此，第四个启示是现代化进程必须基于自身国情。

今天是个特殊的日子，是中国人民抗日战争胜利纪念日暨世界反法西斯战争胜利纪念日。中国式现代化的成功证明了走和平发展道路的可行性，中国式现代化也必将为世界的和平、稳定与发展作出贡献。

🎤 王文：20 多年前我们在清华念研究生的时候认识，我们两个同样出生在义乌小乡村，现在我们同样在高级别的研讨会上发言，我们背后都体现中国式现代化进程，就是改变人的命运，让我们实现阶层的逆袭，这就是中国式现代化进程给中国人带来的真实改变。

下面是我们这个小组的最后一位，有请美国国防大学国际关系研究中心教授杰弗里·格雷许先生。

杰弗里·格雷许：中美两国需要进一步加强沟通交流
美国国防大学国际关系教授

尊敬的各位来宾、各位同学，我感到非常荣幸。在我开始做简单介绍之前，我想和大家表达我的观点：这不代表美国的观点，也不代表美国国防大学的观点，完全是我个人能力范围之内的发言。

最近几天，我了解了现代化和改革中的中国的变化，这让我联想到今天在战略对话方面的一些观点。我会分享一个故事，然后进行学术方面的交流，首先从我的个人故事说起。

当我还是一个年轻的本科生的时候，"9·11"事件发生了，那是一个巨大的悲剧，造成了大量人员伤亡。在接下来的20年里，许多冲突相继发生，包括现在中东地区的冲突。如果我们回顾过去发生的事情，以及现在正在发生的事情，就会有更深的思考。之后，我又去了埃及学习，那里的老师告诉我不要去，因为太危险了，但是我还是很想去，因为我相信教育、沟

通和人与人之间交流的力量。因此，我去了土耳其以及世界上许多其他地方。我深信教育和交流能带来真知灼见，这让我对教育和交流的力量心怀感激。我也非常荣幸今天能亲身来到中国，体验这里到底发生了什么，这对我来说就像婴儿迈出的蹒跚脚步。我希望在世界上有更多的这样一种对话，能够在政府层面、教育层面，还有在不同的机构层面开展。

最后我想说，现在确实有一个机会窗口，但这个窗口非常小。从现在一直到 11 月份的大选，我们希望进一步加强这种沟通，彼此相互学习，了解当前的复杂性是其中的一部分，但更重要的一点就是保持这种对话关系。因为这也是我们未来发展的精髓。

最后，非常感谢主办方给我这样一个机会，我也非常期待与大家在未来继续这种对话。

🎤　**王文：感谢杰弗里·格雷许教授。**

战略对话 2："全面深化改革开放：新形势与新任务"

杨清清：尊敬的各位来宾、女士们、先生们、朋友们，在精彩的开幕式和第一场战略对话之后，我们进入第二场战略对话。我是人大重阳的杨清清，非常荣幸主持第二场战略对话环节。我们这一场主要是围绕"全面深化改革：新形势与新任务"这个主题，这场对话将在之前两场精彩研讨和发言基础上展开更为广泛的讨论。

在这个环节中，我们非常荣幸邀请到来自美国、意大利、土耳其以及中国的 7 位专家学者，分享他们对中国改革开放取得的成绩、经验和启示的洞察，特别是在当前世界经济形势严峻复杂的背景下，如何提振发展信心、增强经济活力、促进互利共赢，共同出谋划策。

首先有请来自美国乔治梅森大学政策与政府学院院长马克·罗泽尔先生。有请！

马克·罗泽尔：中美两国可以通过对话消除误解与隔阂
美国乔治梅森大学政策与政府学院院长

欢迎大家，非常荣幸能够受到邀请。在过去的几天里，我有了非常有趣和丰富的经历。之前我主要是研究美国的政治、政府、大学、历史和社会等方面。但是我对于中国的经济发展也非常感兴趣，我可以从美国的学术角度、政策以及政府的角度来发表看法。但同时我也是一位教授，之前与一些大学达成了相关的合作协议，包括在北京和上海开展的一些广泛的学术交流项目。此外，我们也欢迎许多中国的访客来乔治梅森大学，比如

参加一些培训等。我们探讨的话题非常广泛，包括美国的智库、中美之间的合作实质以及如何赋权市级政府等问题，这些不仅涉及美国的国内政治，还涉及国际政治。

如果没有改革开放，这一切都不可能发生；如果没有互利合作，这一切也不会实现。我觉得当我们花了一些时间了解中国，亲自走访，见不同的人，并与他们进行对话，参与各种项目，许多学习经历实际上都是改变人生的。如果没有出国的经历，美国人只能通过美国人惯常的叙事来了解中国，包括美国政治大选等。我认为，政治领导人或政治体制实际上都希望在国内获得支持，这种对话在国外通常被解读为对抗性甚至是民族主义。我们希望能够建立相互之间的理解。

过去 40 年我一直都教授政治学，我们看到这样的工作在国外可能会以一种不同的方式去看待和解读，这是我们不得不面对的现实。只要存在着这样的想象，就会出现国内理解与国外解读之间的误差。所以我们需要了解整体环境，不断促进正面且积极的交流和对话，这样才能够继续进行像今天这样非常成功的战略对话。

我还记得在 2009 年的时候，美国政府和中国政府共同主办了一个活动，名为中美"3030"日程。即 30 名中国学生在美国停留 3 周，30 名美国学生在中国待 3 周。我和我的学生在这样的经历中学到了很多关于中国的知识，包括文化等其他方面。在美国，我们从纽约一直到美国东岸，最后是 60 名学生聚在一起度过了一个周末。我可以告诉大家，尽管从那时到现在已经过去很长时间，但我们之间建立了非常深厚的友谊。这样的项目，我认为它确实是一个典范。当他们花时间在一起时，分别时一定是依依不舍、泪流满面。因此，我希望能够有这样的机会，我们希望彼此交流，建立彼此的关系。没有人希望生活在对立的氛围中，这不是我想要的生活，我相信大家也不希望如此。

最后，我想感谢所有的同事让我有这样的机会来到中国，这次经历和我们在 2009 年的"3030"日程非常相似。

🎙 **杨清清**：感谢您的发言，正像您所说的，中美关系的未来在青年。您从上海到义乌、温州一路走来，一直从大学的视角探讨大学在现代化建设过程中、在国家发展过程中应该发挥什么作用，致力于促进中美高校交往、人文交流，我对此表示感谢。我们也从中国人民大学的角度出发，希望能够和美国乔治梅森大学政策与政府学院，包括我们今天在座的很多来自外国高校的专家、学者、管理人员，加强中美之间的交流，促进更多的文化交流，期待有更多正面、积极的对话，像今天这样的互动，我们期待未来有更多的声音。

接下来有请国家发展和改革委员会宏观经济研究院院长黄汉权先生发言。

黄汉权：进一步全面深化改革要坚持正确的方法论

国家发展和改革委员会宏观经济研究院院长

习近平总书记今年 5 月 23 日在山东省济南市主持召开企业和专家座谈会并发表重要讲话。他强调改革有破有立，得其法者事半功倍，不得法则事倍功半甚至产生副作用。那次座谈会我有幸在现场聆听了习近平总书记讲的方法论，这就说明进一步全面深化改革，坚持正确的方法论至关重要。

如何把握和落实深化改革的正确方法，有五个方面要坚持。

第一，坚持问题导向和目标导向相结合。改革开放初期，有一句话大家耳熟能详，就是"摸着石头过河"。现在改革开放 40 多年了，我们不能再满足于"摸着石头过河"了，所以进一步全面深化改革就要坚持目标导向，紧扣中国式现代化的要求，锚定"完善和发展中国特色社会主义制度，推进国家治理体系和治理能力现代化"这个总目标。同时，也要坚持问题导向，奔着问题去、盯着问题改，聚焦老百姓急难愁盼的就业、上学、医疗、

托育、养老等身边事，做到老百姓关心什么、期盼什么，改革就抓住什么、推进什么，不断增强人民群众的获得感、满意度。只有这样，改革才能得到人民的拥护，才能行稳致远，取得成功。

第二，坚持改革的系统性、整体性、协同性。中国式现代化是复杂多元的现代化，涉及多方面的目标，这些目标是相互交织、相互影响的。进一步全面深化改革是系统作战而不是各自为政。所以要坚持系统观念，统筹兼顾、协同推进，着力提高改革的整体效能。特别是要加强改革的系统集成，聚焦基础性和具有重大牵引作用的改革举措。在政策取向上相互配合，在实施过程中相互促进，推动各方面制度更加成熟、更加定型。

第三，坚持先立后破、稳中求进。改革就是打破旧的制度和机制，建立新的制度机制。当前全面深化改革处在深水区，有的甚至进入"无人区"，涉及领域广、群众诉求多、触及利益深。要处理好破与立的辩证关系，把握好时度效，先立后破，稳扎稳打，急不得。不能盲目求进，也慢不得、等不得，以免贻误时机，导致问题越积越大。要以钉钉子的精神抓好改革落实，树立正确的改革政绩观，秉持"功成不必在我"的精神，牢记"功成必定有我"的历史担当，久久为功，直到见到成效。

第四，健全改革利益平衡和成本分担机制。改革开放初期推进改革，总体上是在没有任何人情况变坏的前提下使更多人得到实惠，这是所谓的帕累托改进和帕累托优化。经过 40 多年的改革开放，当今改革很难再现帕累托最优的改革环境，因此需要考虑一部分人群因变革而受益，同时也会触动一部分人群的利益。所以要通过完善改革成本分担机制和利益补偿机制，让改革整体效能达到卡尔多改进效果。改革要关照各类主体、物资、利益调整，把大多数人利益受益的增益式改革与一部分人利益受损、另一部分人利益受益的损益式改革充分结合起来，并做好利益补偿机制的建设。

第五，坚持深层次改革和高水平开放相结合。40 多年前，中国改革和开放是相生相伴、相互促进，开放倒逼了改革，改革促进了开放。当前中国经济已经和世界经济深度融合、捆绑在一起，中国的发展离不开世界，同样中国的发展也会影响世界，中国的政策会外溢到世界，所以进一步深化改革必须和高水平开放紧密结合，特别是要与我们提出的制度性开放结合在一起。我想一个更加开放和繁荣的中国是大家所愿意看到的，也会让世界受益，这也是二十届三中全会广受世界各国关注的原因。所以我们讲中国的改革，期望世界各国共同参与、共同探讨，让中国的改革行稳致远，也让世界从中国的改革中受益。

🎤　杨清清：谢谢黄院长，您提出的五点深化改革的方法论给了我们很多启发。您提到邀请更多中外专家学者给我们提供宝贵意见，让我们不再停留在"摸着石头过河"的阶段。在进入改革深水区时，听到不同的建议和方法论，能够帮助我们更好地设计路线图，实现预期目标。再次感谢。

接下来有请英国伦敦经济与商业政策署前署长罗思义先生发言。

罗思义：三重危机叠加，世界大战临近？
英国伦敦经济与商业政策署前署长

我讲三个相互关联的问题：第一，为何现在全球形势如此复杂？第二，处理这些复杂情况的方法是什么？第三，在座的各位可以有何贡献？

首先从第一个问题开始。世界正在经历三大危机和巨变。第一个就是习近平主席讲的"百年未有之大变局"。它指的是在第二次世界大战中达到顶峰的地缘政治危机以及由此产生的秩序，这是地缘政治方面的危机。但我想说，在经济方面，世界正经历160年来最大的变化。为什么是160年？因为大约在19世纪末，美国超过英国成为世界上最大的经济体，进入美国

经济主导时期。但是，据世界银行消息，这一局面已经结束了。如果用购买力平价来衡量，中国更倾向于使用市场汇率，所以我们必须等待 5 年或 10 年才能看到结果，但这一切即将结束。

另一个变化是 532 年来最大的变化。为什么会有这么一个陌生而又精确的数字？因为它与 1492 年有关。而 1492 年世界历史上最伟大的事件之一就是哥伦布发现新大陆、建立欧洲与美洲之间的永久性贸易。这标志着欧洲 500 年霸权地位的开始。但这也即将结束，因为其他国家相继崛起。

在文化层面，欧洲因其在世界上的统治地位将欧洲文化传播到世界各地。有些人有这种错觉：整个世界都将变成这样。但现在发现事实并非如此。中国不会变得像美国一样，美国希望把它的价值观强加给世界，中国不想这样做，美国也做不到。印度既不会变得像中国一样，也不会变得像美国那样。我们正在进入一个全新的、多元文化的世界，无论我们喜欢与否，这一趋势都是无法改变。

地缘政治危机、经济发展危机、文化多元危机叠加爆发，导致当今局势异常复杂。

那么有没有可能在没有爆发危机的情况下渡过难关？这绝对不可能。但是我们的另一个目标就是在没有一场大规模战争的情况下渡过难关。这就是如何处理这个问题的结论。

1992 年到 2000 年，我住在俄罗斯，我的一个好朋友是苏联与美国的高级谈判代表，他帮助起草了美国和苏联之间的条约。这些条款需要极其详尽的表述。他的一个解释让我想起了我对外交的定义。他说："老罗，有些人认为外交就是诡计和策略，是在愚弄敌人和对手，这都是垃圾。你无法阻止一个大国根据自己的利益行事，如美国和苏联。危险在于，它们可能会根据错误的信息采取行动，包括关于预判其他国家未来战略的错误信息。因此，外交的目的就是避免根据错误信息采取行动。"

这对我们的研究人员有什么影响？我们有一部分研究人员是了解真实情况的，但危险的是有很多错误观点。例如，当我读到《华尔街日报》上的一些文章时，存在大量误解中国的情况，这非常危险。我记得阿道夫·希特勒在入侵苏联之前曾说："苏联就像个破房子，踹上一脚就会轰然倒塌。"这引发了人类历史上最大的战争，其中为数不多的好结果之一是彻底摧毁了他的政权。因此，现在我认为研究人员的作用是确保另一方了解真实情况。这就是为什么像这样的对话是非常重要的。美国取消了一些对其持有异议的学者的签证，这是非常愚蠢的做法。每个国家都必须保护自己免受技术间谍的侵害，我明白这一点。但如果想了解真实情况，就必须准确地报道这个国家的情况，这应该鼓励前往美国的学者。

我已经研究中国经济 32 年了，我也很高兴加入人大重阳，我们有一个非常领先的研究项目。中国人谈论了很多与中国经济相关的话题，但事实上，这些内容并不完全正确。有很多人对中国经济的了解并不比我多，但这是事实，我能够研究中国经济与国际经济的关系。现在令人兴奋的一件事就是我们正在建立一个多学科的研究团队，包括经济学家、统计学家、IT 人员等，我自己也是其中一员。我也非常愿意参与经济合作与发展组织（OECD）、国际货币基金组织（IMF）、世界银行的研究项目。因为我相信我们正在做的多学科经济研究与他们的研究处于同一水平，处于世界领先地位。

希望各国学者可以通过这样的对话，加强交流，消除误解，避免由于误判而采取的行动，谢谢。

🎤 杨清清：罗思义先生刚刚提到西方媒体对中国经济的误解和误读，这里我想隆重推荐一下他写的《被误读的中国经济》，这本书获得了广泛关注，并且荣获了中国最高级别的图书奖。在研究中国经济这件事情上，罗思义先生是实事求是的。他刚刚分享的最新研究团队，包含了 IT 专家和经济学家，他们正在进行关于经济发展模式的研究。我也非常期待罗思义先生能够取得更多研究成果。您以前常说，中国取得了世界上最伟大的经济成就。但能否形成世界上最先进的经济思想，可能需要更多像您这样研究中国经济的专家，包括智库发挥作用，高校、专家学者共同助力推动关于中国经济更多解读和理论性研究，再次感谢罗思义先生。

接下来有请来自中国的资深经济学家、中国国际经济交流中心总经济师陈文玲女士发言。

陈文玲：中国经济有挑战，也有"护身符"
中国国际经济交流中心总经济师

感谢中国人民大学举办这样高质量的会议，感谢邀请我参加，给了我一个学习的机会。

我特别关注了一下这次王文院长团队组织国外专家学者调研走过的中

国这几个地方，都挺有意思的，从上海到温州再到义乌，展现了中国改革开放的缩影，也是推进中国式现代化进程的缩影。这让我想起 20 年前我在国务院研究室曾经进行过温州模式研究，我们出了一本书，书名叫《跨越：温州从传统信用迈向现代信用》。16 年前我们对义乌市场发展进程进行了调研，并向国家提出建议，将义乌作为对外贸易综合改革试点。这些建议得到了采纳，原本来义乌购物的国外客商的采购方式从"旅游购物"转变为海关总署贸易项下的正规采购贸易。我们的研究成果也出版了一本书，名为《义乌报告》。所以，中国改革开放很重要的一条经验是"摸着石头过河"，是实事求是，按照中国国情不断发展创造，发挥中国基层的主动性和创造性，然后把中国基层的创造转化为国家的战略或政策。

中国共产党领导中国经济社会发展、推进中国式现代化始终循着一个方向，一张蓝图绘到底，从来没有改变过方向。从中国共产党成立到新中国成立，再到改革开放以及党的十八大以来的多年历程，共产党只有一个目标，就是要让中国人民不仅翻身解放，而且过上更加美好的生活。

　　如果要说中国给世界提供了什么，我觉得最大的价值就是将一个最贫穷的国家、一个曾受人欺负的国家、一个一穷二白的国家发展成为具有综合实力、国际竞争力并受到越来越多国家尊重的国家。中国的发展没有靠侵略，没有靠剥削，没有靠输出价值观，也没有胁迫和恐吓过任何国家。

　　中国吸引了大量外商投资，美国在中国有 7.5 万家跨国公司，每年在中国市场产生的销售额达到 7000 亿 ~ 8000 亿美元，甚至超过中美之间的贸易额。是什么力量让美国企业愿意到中国投资？中国并不能命令美国企业，实力上也无法与美国相提并论，我们没有美国那样的霸权来恐吓他国，我们也不想恐吓任何人。中国的改革开放就是中国打开了大门，向世界开放市场，让世界各国的企业家到中国来投资、创业、挣钱。所以，我认为中国式现代化发展到现在，最重要的就是在中国共产党领导下，通过全体人民的努力，已经奠定了比较雄厚的物质基础、社会基础、思想基础，未来还要奠定长周期走向现代化国家的制度基础。我们既要学习美国、欧洲一些国家市场经济的经验和体制机制设计，也要规避这些国家存在的深层次矛盾和问题，特别是导致社会不公平、不公正、不可持续的矛盾问题。我们应当借鉴发达国家的制度文明，吸收合理的成分，使其成为中国体制改革进一步对接高标准经贸规则的动力，同时也要规避其制度劣势和不可调和、不可解决的矛盾。

　　中国经过这么多年的发展，从八个方面奠定了比较雄厚的基础，同时存在着深层次矛盾和问题，亟待通过全面深化改革加以解决。具体如下：

　　1. 中国成为超大规模的经济体。2012 年中国成为世界第二大经济体，到现在已经 12 年。2013 年，中国国内生产总值是 57 万亿元，占世界 GDP 总量的 12.3%；2023 年，中国国内生产总值 126 万亿元，占世界 GDP 总量的 17.66%。中国 2010—2023 年 GDP 增量对世界整体增量贡献率达 32.2%，比 OECD 全部国家加起来对世界增量贡献率 29% 多 3.2 个百分点。然而，中国要实现高质量发展仍需付出更大努力。

2. 中国形成了超大规模的市场。超大规模市场将成为中国未来可持续发展的强大动力。中国这个超大规模的市场包括市场主体（微观经济主体）再造已经完成。大家都知道民营经济的"56789"，实际上中国的民营经济现在税收已经占了 60%，GDP 占比 60%，创新成果占了 70%，吸纳就业占了 80%，企业数量占了 90%。中国的市场载体也非常发达，包括上海进博会、广州广交会、北京服务贸易洽谈会、海南消博会，这四个重要展会都在发挥作用，加上众多类似义乌的市场，未来中国很有可能会成为最大的贸易中心或者转口贸易中心，成为全球最大的单一国家的国际化大市场。但要真正形成高水平社会主义统一大市场，还需要全面落实党的二十届三中全会提出的各项要求。

3. 中国形成了超大规模的制造业体系。中国的制造业产值自 2010 年超过美国，那一年美国制造业产值占世界的 17.48%，中国占 17.68%，现在中国的制造业占全球 30% 左右，最高年份时曾达到 35.6%。中国制造业体系不仅规模大，而且产业配套能力非常强。中国制造业领域有一些头部企业，产业链、供应链上的配套企业也在积极出海，这体现了更高层次的开放，是中国企业国际能力提升的表现，而不是中国市场出了问题。现在美国唱衰中国，我认为美国经济学家也不一定赞成这些观点，许多经济现象需要进行真实的经济学分析。一旦这样做，就会发现没有理由唱衰中国。

完备的中国制造现在是我们最大的底气。虽然苹果公司已将部分生产转移到印度，但现在又准备回归中国。富士康曾转移到越南，现在也已重新在中国投资。高通在美国发起的科技战中曾对中国断供，但现在呼吁华为进口其生产的芯片。今年第二季度，荷兰阿斯麦 49% 的销售额来自中国市场。尽管美国的七大科技巨头市值达 13 万亿美元，但是其中很多是虚拟资产、虚拟价值，泡沫起来快，破灭也快。而中国去年芯片出口达到 5427 亿元，今年 1—7 月份，中国出口芯片金额 6409.1 亿元，同比增长 25.8%，预计全年出口金额可以超过 1 万亿元，出口数量达到 4100 亿块。所以，美国能遏制中国吗？能掌控整个世界市场吗？能管制每个企业吗？能和中国切割吗？中国超大规模制造业的优势，无论是在国内还是出海配置资源，都会形成新的全球产业布局。中国制造业形成了结构性优势，但整体上尚未迈入第一梯队。

4. 中国具有超大规模的人口。这既是优势也是劣势，推进中国式现代化，第一条就是要实现超大规模人口的现代化。中国 14 亿人口，还是世界第一人口大国，如果中国这样一个大规模人口国家实现现代化，意味着进入现代化的国家人口将从占世界的 16% 提升到 34%，这将极大改变世界格局。现代化的人口占世界人口的 1/3，会产生非常大的示范效应。这说明现代化没有现成的模式，美国、欧洲的现代化是现代化，中国从贫穷到发展起来的中国式现代化也是现代化。中国向世界展示了我们可以通过努力实现现代化的目标，我们可以不依靠侵略或恐吓其他国家，开放的中国与全球更多国家互联互通，共商共建共享，完全可以走出一条新的道路。

但是，人口规模巨大也带来了相对的劣势。例如，中国已提前进入深度老龄化，65 岁以上的老人已达到 2.1 亿。同时，中国也开始出现少子化，前年人口减少 85 万人，去年减少 208 万人，还有 2 亿多适龄青年选择不结婚，人口结构变化带来了新的挑战。中国一方面要发展，另一方面会面临很多挑战。

5. 中国形成超大规模的人力资本优势。这个优势已经建立了。王文院长提供的报告提到，中国有 6000 万工程师队伍，大学生和博士生中有 40% 是工科专业，中国的人力资本储备相对充足。同时，我们也面临自身的问题，中国的原创性研发强度不足，吸引和发挥人才的优质制度供给还需要向美国学习。美国可以吸收全球最优人才为其所用，中国怎么创造这样的制度优势，甚至超过美国对人才的吸引力，这也是我们面临的新挑战。

6. 中国已经完成超大规模的城市化进程。改革开放初期，中国有 20% 的人在城市，80% 的人在农村。发展到现在，中国 60% 的人口在城市，40% 的人口在农村，加上农民工进城还有一部分人尚待转化，城市化率可能更高。这么大规模的城市化进程，在人类历史上从来没有先例。预计到2030年，中国城市人口将达到9亿，将超过美国、欧盟、日本三大经济体的人口总和。这样超大规模的城市化进程只有在中国才能实现。然而，中国的城市化也面临过快扩张的问题，转变城市发展方式，建立生态型、智慧型、功能配套能力强的宜居城市刻不容缓。

7. 中国超大规模的软硬基础设施超常发展。我们的硬基础设施，比如高铁运营里程已经近5万公里，形成了"八纵八横"的网络体系，大家都能感受到这一点。此外，港口、机场、高速公路等基础设施也在不断发展，低空经济的兴起正在形成新的网络体系和发展优势。中国的数字化基础设施发展迅速，5G基站已超过350万个，北斗卫星导航系统覆盖230多个国家和地区，正在形成强大的算力基础。这些基础设施将支撑中国经济社会未来几十年的发展，但也面临美西方的遏制与打压，例如对中国留学生在算力和量子技术领域的限制。

8. 中国已经形成超大规模的跨国经济合作格局。推进共建"一带一路"就是以构建人类命运共同体为目标，坚持共商、共建、共享的全球治理观，推进建立新的跨国经济合作模式，使更多国家通过共同建设"一带一路"，寻找到新的发展机遇，共同创造美好人类未来。现在已经有3/4的国家参与其中，无数事实说明，中国能做到的，世界各个国家也都能做到。然而，共建"一带一路"近年来受到美西方的抹黑和对冲行动影响，要在繁荣10年的基础上实现金色10年，任重道远。

联合国秘书长古特雷斯在今年7月4日的讲话中指出，人类未来很大程度上取决于中国，作为世界上唯一数千年以来从未中断的悠久文明，中国过去、现在和未来都为全球治理和可持续发展不断作出新贡献。联合国秘书长对中国的评价是中肯的，尽管中国还有许多问题需要解决、许多困难需要克服，但面向未来，中国将坚定不移地推进改革开放，迎接更加美好的未来。

🎤 杨清清：非常感谢陈老师的精彩发言，您从八个方面给了我们很多启发，展示了中国的诸多优势，同时也指出了这些优势可能带来的双刃剑效应。我们要构建世界强国还有更多的路要走，功夫要下。

接下来有请来自意大利的朋友，也是人大老朋友，曾经在中国人民大学法学院做过访问学者的美国西弗吉尼亚大学公共管理与公共政策教授保罗·法拉赫先生。

保罗·法拉赫：中国在亚投行方面的经验应该成为一个典范
美国西弗吉尼亚大学公共管理与公共政策终身教授

首先需要指出的是，诚如中方嘉宾所言，地方政府和地方企业的行为未必能准确反映中央政府的目标。因此，地方政府和企业在国内或国际上有时表现出的负面行为，可能与中央政府的意图并不完全一致。回顾 2000 年我初次来到中国的经历，当时我还是法学院的学生，参与了中国加入世贸组织的准备工作。那时我对中国的发展充满了热情，并深刻感受到了中国在国际组织中的积极参与。随着时间的推移，我对中国如何遵守国际贸易规则，以及中国如何协调中央与地方政府的关系产生了浓厚兴趣。

中国的改革开放始于 1978 年，邓小平提出的政策至今仍对全球产生深远影响。虽然外界对中国的政策有时出现理解偏差，但中国在国际化和遵守国际规则方面做出的努力是显而易见的。中国省市一级的政策和行动有时会影响投资者的信心，因此中国中央政府需要不断纠正这些偏差。在全球化和自由化的过程中，各国都需要平衡自身国情与国际标准之间的关系，中国在这方面做的努力尤其值得关注。

近年来，中国在全球化、可持续发展和气候变化等领域的表现尤为突

出。例如，中国在《巴黎协定》中的领导作用展示了其对国际社会的承诺。尽管中国面临国内外对国有企业和"一带一路"倡议的不同看法，但中国的国有企业在这些领域中扮演着重要角色。未来，国际合作和开放透明度将是促进中国及全球经济发展的关键。在这一过程中，中国的经验应成为全球合作的典范。

🎤　杨清清：谢谢。昨天晚上 11 点，保罗·法拉赫先生和王文院长有一个一对一的专访。如果大家对他的很多观点没听够，敬请期待专访视频。接下来有请清华大学智库中心的杨秀女士发言。

杨秀：气候变化已经从未来的挑战变成现实的危机

清华大学智库中心副主任、

清华大学气候变化与可持续发展研究院研究部主任

很荣幸能在中国人民大学明德论坛这么高端的平台上与各位专家进行交流。气候变化已经从未来的挑战变成现实的危机。当前，气候变化成为非传统安全问题，是新的外交议题，对国际地缘政治、产业竞争和国际贸易带来深刻影响。因此，气候变化也是中国统筹国内国际两个大局、实现经济社会发展转型的一个缩影。

今天会议的主题是"新形势和新任务"，我将结合气候变化领域的国际形势、国内挑战和新任务简要分享自己的观点。

1. 全球新形势。全球各国已就合作应对气候变化达成科学共识和政治共识，《联合国气候变化框架公约》《京都议定书》《巴黎协定》确立了各方同舟共济、各尽所能、合作应对气候变化的制度安排。现在谈判的目的不是

"要不要合作应对气候变化"的问题，而是各方围绕"谁减排、减多少、怎么减"等核心问题展开博弈，争论的焦点在于政治减排的节奏、力度和分工，方向是明确的，权衡的是路径。各方结合国情积极行动，主要经济体实现碳中和的路径大同小异，在减排措施与技术部署方面具有高度相似性。尽管世界上一些国家由于地缘冲突、选举政治、经济增长放缓、能源粮食短缺等眼前挑战，在实现气候行动目标过程中，政策的节奏、力度有所调整，但是低碳、零碳转型创新的世界大趋势没有变化。

在气候变化领域，各国既有竞争又有合作。绿色低碳转型创新是各国竞争的焦点，各国在这一领域产业、贸易、技术、标准、国际话语权和影响力等方面的竞争日趋激烈。同时，应对气候变化的很多技术还在实验室阶段，工程模式也不完善，不是一个国家能够完全解决的，合作前景也很广阔。

今天的多位专家提到国家差异，环顾世界，我们找不到两个政体完全相同的国家。每个国家都是结合自己的文化、国情和目标，应对特殊的挑战，在全球共同发展中寻找自己的道路。

2. 在这样的全球局势下，中国如何定位？中国坚持多边主义，努力做全球应对气候变化的贡献者和引领者，同时力所能及地帮助发展中国家应对气候变化。对中国而言，既有进展，又有困难，可谓喜忧参半。

能源和碳排放增长超预期，在如此庞大的国家工业化和城镇化过程中实现碳达峰没有先例。尽管能耗和碳强度持续下降，但是总量快速增长，"十四五"期间一次能源消耗增加了 7 亿吨标准煤，碳排放增加了 12 亿吨 CO_2，增速超过 10%。非化石能源快速增长，可再生能源装机达到 16 亿千瓦，在总装机中的比重突破 50%。同时，化石能源也快速增长，煤炭增长了 10%。

不同行业间的达峰形势差异大。部分重点行业如钢铁和水泥，随着城镇化进程和建筑需求的减缓，已经达峰；而石化和电力行业的增速依然较高，近期仍在批复新建项目。产业结构转型乏力，部分地区仍依靠高能耗行业拉动经济发展。

在碳中和的科技创新方面，中国的制造能力强，有利于减碳技术降成本、提效率，但是缺少突破性、颠覆性的创新。

气候变化国际合作具有广阔前景，但也受到了国际贸易单边机制的约束，CBAM、CSDDD 就是典型的例子。

3.应对气候变化的新任务——经济社会全面绿色低碳转型。中国式现代化是人与自然和谐共生的现代化，二十届三中全会提出了多条改革措施。过去十几年通过环境保护，特别是大气污染治理，推动了绿色发展，取得了举世瞩目的成效。在未来几十年，我们将以"双碳"目标为抓手，推动经济社会全面绿色低碳转型。

在制度建设方面，二十届三中全会提出了绿色低碳发展的机制，将以碳总量目标为核心，形成制度体系，除了自上而下的目标分解和落实、法律法规、市场机制外，正在建设行业、企业和产品层面的碳核算体系，逐步提高数据的透明度、时效性和可信度。

始终坚持节能优先战略。以非化石能源发展比例目标为牵引，加速能源体系转型。中国已经提出到 2030 年可再生能源占比 25%、到 2060 年非化石能源占比 80% 以上的目标。特别是加快新型电力系统建设，以非化石能源为主体的电源—电网—负荷—储能系统，2023 年电力装机容量比 2020 年增加了 33%，未来将实现电气化率从 16% 增长到 60% 以上，这将是整个能源供应、输配和消费模式的巨大变化。

推动科技创新，关注交叉融合领域的重大技术突破，开展试点示范工程。

促进气候变化领域的国际合作。应对气候变化需要发挥各方智慧，调动各方资源，共同行动。气候变化也是中国公共外交的新议题，是当前中美关系中几乎唯一能在高层达成共识、推进合作的议题。

除气候变化之外，还有诸多全球共同挑战，如安全、环境、人工智能、生物多样性等。我相信中国在走好自身道路的同时，也能为全球提供支持和智慧。

最后，作为来自高校智库的学者，我很高兴有机会与各位专家进行交流。我认为这样的机会非常宝贵，理不辩不明。感谢中国人民大学明德论坛，期待更多的互动和联谊，谢谢大家！

🎙 杨清清：谢谢，接下来有请最后一位来自土耳其的图格鲁·凯斯金先生。

图格鲁·凯斯金：世界的未来需要中美合作而非冲突
全球中国研究网络创始人、美国"中国全球战略研究所"（CGSRI）主任、卡帕多西亚大学教授

自 1949 年中国共产党和毛泽东领导下的新中国成立以来，中美关系经历了由两国社会、政治和经济环境引发的诸多变化以及一系列障碍、挑战和重大历史事件，包括但不限于：

1950 年朝鲜战争、1954 年第一次台海危机、1959 年西藏平叛、1964 年中国成功爆炸原子弹、1969 年中苏边境冲突、1971 年乒乓球外交、1972 年尼克松访问中国、1979 年中美正式建交并确立一个中国政策、1982 年里根的新自由主义时代开始、1999 年贝尔格莱德中国大使馆被美国轰炸、2000 年中美贸易关系正常化。21 世纪以来，2001 年中国"入世"、2008 年中国成为美国最大货物贸易伙伴、2010 年中国成为世界第二大经济体，同时希拉里·克林顿发起"转向"亚洲倡议、2012 年奥巴马政府加剧对华贸易紧张、2013 年习近平主席与奥巴马举行峰会、2014 年中美联合发布气候声明、2015 年美国就中国南海问题进行威胁、2017 年习近平主席与特朗普

会面、2018 年美国对华开启贸易战，同年加拿大应美国要求逮捕了华为高管孟晚舟、2019 年中美贸易战加剧……

从我的角度来看，中美关系在美国国家安全利益方面与美国同其他国家的关系没有什么不同。然而，由于其自身的人口结构，中国是一个独特的案例：超过 14 亿人口，包括 3.5 ～ 4.5 亿中产阶级，加上中国快速城市化、充满活力的经济、先进的工业化和现代化、性别关系的转变、习近平主席领导下的新教育体系，以及中国在非洲、拉丁美洲、中东、东南亚、欧洲和美国的对外投资。

中国是人类历史上最重要、最大规模的社会、政治和经济现代化的国家。与其他时期相比，1979 年至 2008 年的中美关系在某种程度上是稳定的。但在过去几年里，我们所称的中国研究产业在华盛顿变得越来越强大，并主导了中美关系。结果，中美之间爆发了新的贸易战，美国对新疆、西藏、香港和台湾进行干涉，南海地区的冲突升级，今后或许还会出现许多其他冲突。

这场"新冷战"不会让任何人受益，反而会耗尽美国和中国的教育和医疗体系的资源，使得这些资源无法用于基础设施项目、减轻贫困等方面。另外，中国并不是一个完美的国家。这两个国家都面临着重大的障碍和挑战。两国目前都面临着类似的恐怖主义问题，为各国公民创造就业机会，建设基础设施，更新教育系统，使本国公民具有多样性。因此，全球治理与合作对美中关系非常重要。下面正式开始我的发言。

什么是美国的外交政策和外界批评？

外交政策随着时间的推移而演变，但一般来说，可以归纳为几个关键原则。这些原则指导着美国与其他国家和国际组织的互动。以下是美国外交政策的主要原则以及外界的一些批评。

1. 促进民主和人权

美国原则：旨在支持世界各地的民主制度和人权，相信民主国家更有可能实现和平与繁荣。

外界批评：美国将自身战略利益置于民主价值观之上，在对美国有利的时候就支持威权政权。政策执行中的不一致可能会削弱其可信度。

2. 经济繁荣与自由贸易

美国原则：促进全球经济增长和保持市场开放对美国的经济增长至关重要。这包括倡导自由贸易协定和经济伙伴关系。

外界批评：自由贸易政策可能导致某些国内行业的失业，并加剧收入不平等。批评者还指出，经济政策有时会以牺牲当地社区和环境标准为代价，有利于大公司。

3. 国家安全

美国原则：确保美国及其盟友的安全是重中之重。这包括军事联盟（如北约）、反恐努力和保持强大的防御姿态。

外界批评：国家安全战略有时会导致长期的军事行动和干预（如伊拉克、阿富汗），带来高昂的人力和经济成本。批评人士认为，这些干预措施可能会破坏各地区的稳定，并导致反美情绪。

4. 国际法和法律机构

美国原则：通过联合国、世界贸易组织和国际货币基金组织等组织，支持基于规则的国际秩序。

外界批评：批评者认为，美国会有选择地遵守国际法。还有一些指控称，如果国际机构与美国利益相悖，与美国不结盟，美国就会破坏这些机构。

5. 多边主义与联盟

美国原则：在世界各地建立和维持联盟与伙伴关系，以共同应对全球挑战。

外界批评：多边的方法有时会被视为损害国家主权。此外，盟友可能并不总是与美国有相同的优先事项，这会导致冲突或无效的合作。

6. 环境可持续性

美国原则：通过国际合作和协议，应对气候变化等全球环境挑战（如《巴黎协定》）。

外界批评：美国政策受国内政治变化的影响，对环境协议的承诺不一致，因而受到批评。这种不一致性可能会阻碍全球应对气候变化的努力。

7. 人道主义援助

美国原则：向危机国家提供援助，包括救灾、发展援助和难民支持。

外界批评：人道主义援助有时被批评为与政治目标相联系，而不是出于纯粹的利他主义动机。此外，由于受援国的腐败和管理不善等问题，援助的有效性可能会受到质疑。

总体批判与分析：

批评人士认为，美国的外交政策可能过于干涉主义且不一致，有时更多是出于经济和战略利益，而不是它所公开支持的原则。此外，人们还担心美国经济危机的影响，以及其为全球稳定和改变自身国际形象所采取的行动。作为一个全球霸主，美国常将其意志强加给其他国家。平衡国家利益和全球责任仍然是美国政府面临的一个具有挑战性的外交政策。

什么是中国的外交政策和外界批评?

中国的外交政策是由历史经验、国内优先事项和战略目标共同决定的。以下是中国外交政策的主要原则以及外界的一些批评。

1. 主权和领土完整

中国原则:中国强调国家主权和领土完整的重要性,主张其对台湾、南海、钓鱼岛等地区的主权。

外界批评:批评者认为,中国在领土问题上的强硬立场可能会导致地区紧张局势和冲突。在南海的积极做法,包括建造人工岛,一直特别有争议,并使其与邻国的关系紧张。

2. 不干涉内部事务

中国原则:中国主张不干涉其他国家的内政,强调国家间的相互尊重和平等。

外界批评:这一原则通常被视为中国保护自己和盟友免受国际社会关于侵犯人权和独裁行为批评的一种方式。批评人士还指出,中国的经济和政治影响力可以间接影响到其他国家的内政,这与中国所宣称的政策相矛盾。

3. 经济发展与贸易

中国原则:通过贸易、投资和基础设施项目促进经济发展,以"一带一路"倡议(BRI)为特色。

外界批评:尽管 BRI 为许多国家带来了大量的基础设施投资,但批评人士认为,它可能导致债务依赖,并增加中国的地缘政治影响力。人们还担心环境影响,以及一些项目缺乏透明度和可持续性。

4. 多边主义与全球治理

中国原则:中国支持一个多极世界,并寻求在联合国、世界贸易组织和金砖国家等国际机构中发挥重要作用。

外界批评：批评人士认为，中国参与多边组织，往往是为了实现其重塑全球治理，以更好地符合其利益。人们担心中国对国际规范和标准的承诺，特别是在贸易、人权和网络安全等领域。

5. 和平发展与双赢合作

中国原则：中国弘扬和平发展、合作共赢的理念，强调互利的经济政治关系。

外界批评：怀疑论者认为，中国的行为并不总是与其言论一致。例如，南中国海的军事化、强制性的经济行为，以及以牺牲东道国主权为代价来增强中国地缘政治影响力的战略投资。

6. 文化外交与软实力

中国原则：中国寻求通过文化交流、教育项目和媒体影响力来增强其软实力，在国外推广中国的文化和价值观。

外界批评：批评者认为，中国的软实力倡议，如孔子学院，经常作为宣传和影响的工具，压制批评观点，以提升中国政府的有利形象。还有对学术自由和言论自由的担忧。

总体批评与分析：

中国的外交政策经常被批评为不透明，受实用主义和战略野心的驱使。虽然它强调不干涉和双赢合作等原则，但在实践中的行动，特别是在领土争端和经济杠杆方面的行动，可被视为与这些原则相矛盾。此外，中国日益增长的全球影响力，以及它试图重塑国际规范和机构以与之保持一致的努力，引发了人们对未来权力平衡和维持基于规则的国际秩序的关注。

合作、冲突和挑战：

在 21 世纪的第二个 25 年，中美两国之间的关系是塑造全球政治、经济和安全的最关键、最复杂的双边动态之一。以下是一些关键前景和未来预测。

1. 经济上的相互依赖性和竞争

前景：美国和中国在经济上紧密地交织在一起，有着重要的贸易、投资和供应链联系。尽管贸易紧张且竞争激烈，但这两个经济体都从这种相互依存中受益。

预测：经济竞争可能会加剧，特别是在人工智能、半导体和绿色技术等高科技行业。美国可能会继续努力将关键行业与中国"脱钩"，而中国将寻求减少对美国科技的依赖。

2. 技术竞争

前景：技术优势是一个关键的战场。两国都在创新、研发和知识产权保护方面投入了大量资金。

预测：这种竞争将推动技术进步，但也将导致平行的技术生态系统，特别是在 5G、人工智能和量子计算等领域。网络安全问题和间谍活动仍将是一个有争议的问题。

3. 地缘政治影响

前景：两国都希望扩大其全球影响力。中国的"一带一路"倡议和在国际组织中越来越多地发挥影响力，与美国加强联盟和伙伴关系的战略形成了鲜明对比，特别是在印度—太平洋地区。

预测：地缘政治格局将以战略竞争为标志，在南海、台湾存在爆发点，并通过像四方这样的联盟展开竞争。这两个国家都将在包括非洲和拉丁美洲在内的发展中地区争夺影响力。

4. 军事和安全动态

前景：两国的军事实力都在增强。美国保持全球军事存在，而中国正在使其军队现代化，并扩大其势力范围。

预测：增加军事存在和活动，特别是在印度—太平洋地区，将加剧紧张局势。有可能发生事件或冲突，特别是在台湾和南海周围，尽管两国可能会寻求避免直接冲突。

5. 全球治理与多边主义

前景：两国都旨在塑造全球治理，但往往有不同愿景。中国寻求增加其在国际组织中的作用，而美国主张建立一种反映民主价值观的、基于规则的国际秩序。

预测：多边机构的紧张局势将持续存在，领导层和影响力将面临竞争。气候变化、全球卫生和贸易将是合作和冲突的关键领域。

6. 人权与思想差异

前景：人权仍然是一个重要的争议点，所谓"批评中国在新疆、香港的政策及其对异议者的待遇"是毫无根据的恶意抹黑。

预测：意识形态上的差异将继续使两国关系紧张。人权问题将是一个持续存在的挑战，它将影响外交活动和国际舆论。

7. 国内政治动力学

前景：两国的国内政治影响着其外交政策。美国政策可以随着政府的变化而改变，而中国共产党领导下的领导层保持稳定。

预测：国内面临的挑战，如经济稳定、社会动荡和政治领导能力，将影响双边关系。民族主义政策和公众舆论将在未来的互动中发挥重要作用。

8. 气候变化与环境合作

前景：两国都认识到应对气候变化的重要性，并根据《巴黎协定》等国际协议做出了承诺。

预测：气候变化提供了一个合作的平台，尽管出现了更广泛的紧张局势。在绿色技术和减排方面的共同努力可以成为这种关系中的一个稳定因素。

结论：

21 世纪第二个 25 年的中美关系需要用竞争与合作的复杂组合来定义。尽管两国之间存在战略竞争，尤其是在先进技术和军事领域的竞争将愈演愈烈，但更重要的是，面对全球性挑战，如气候变化和经济相互依存，中美两国需要加强合作。两国都需要更谨慎地驾驭这种错综复杂的动态，管理冲突，利用机会实现互利和全球稳定，世界的未来需要中美之间更多的合作而非冲突。

第二章

国际战略学术界专家
对话中国人民大学师生

时间

2024 年 9 月 3 日（星期二） 14:30—16:30

地点

中国人民大学世纪馆

王文：尊敬的各位来宾、朋友们，来自学校的各位青年教师，以及坐在后排的同学们，大家下午好！

今天上午，我们在这个会场进行了一场明德战略对话，来自美国和欧洲7个国家的著名学者们坐在我旁边，与中国多位知名专家进行了一上午的深入对话。今天上午的对话十分精彩。中午简单用餐后，专家们回到现场。我强烈建议他们与中国人民大学年轻的教师和学生代表们见个面，所以特别感谢中国人民大学学生处组织了这次活动。我们今天的会议这样安排：我简单介绍一下今天在座的几位来自美国和欧洲的专家，然后我们就直接进入主题。因为上午几位专家已经讲了很多他们关于中国和世界的观点，我相信如果留意这次明德战略对话的老师和同学们一定会关注到，今天在座的这些专家此次到中国已经是第五天了，前四天他们分别去了上海、义乌和温州，深入调研了中国新时代以来的改革开放，包括农村和夜市等地的情况。更重要的是，今天在座的多位欧美问题专家对中国的历史都有深入研究。我希望各位问的问题更加直率，要体现中国人民大学同学们的

思考力、创新力和深度，甚至可以提出一些有挑战性的问题。

首先我介绍一下今天在座的来自美国和欧洲的战略学术界专家。

坐在我左边的是来自比利时欧洲亚洲事务研究所的顾爱乐先生。他在欧洲是非常有影响力的学者，对中国有深入的研究，常常来中国。这次是他第一次去义乌和温州。

我右边的是马克·罗泽尔，美国乔治梅森大学政策与政府学院院长。他是公共政策和政治学专家，这一路上他也提出了许多对中国的独到见解。今天来了很多国际关系学院、公共管理学院的老师和同学，一会儿可以多提一些问题。

来自美国宾夕法尼亚州立大学法学与国际事务学院的白轲教授，他是非常资深的国际问题和法学问题专家，我想很多同学也会对此感兴趣。

图格鲁·凯斯金教授换衣服去了，一会儿回来。

还有来自美国国防大学国际关系教授杰弗里·格雷许先生。他对中国的军力以及全球海军和安全形势有深入的研究。今天在座的国际关系学院的老师和同学们也可以就国际关系问题进行讨论。

接下来这位大家非常熟悉的学者，我想在座一半以上的人都读过他的书。他的上一本书《当中国统治世界》翻译成中文后在全球畅销，是国际关系、法学和新闻传播领域的必读书目。他就是来自英国的马丁·雅克教授。他现在正在写一本新书，应该明年就会出版，我想这本书也会非常有影响力。

接下来介绍一位顶级经济学家，我想应用经济学院、财政经济学院的同学们都读过他的文章。他就是英国伦敦经济与商业政策署前署长罗思义先生。我们亲切地叫他"老罗"。

来自美国威尔逊中心的研究员、美国北卡罗来纳大学的克劳斯·拉雷斯先生也在场，他对国际问题也非常有研究，今天上午我们进行了非常好的讨论。

接下来，我要介绍在座各位的大师姐，她在法国工作，是欧洲非常顶尖的经济学家。她的本科是在我们人民大学念的，1988 级本科生，她的中文讲得比我还要标准。我们欢迎一下我们的大师姐马吉特·莫尔娜教授，马吉特女士现在在经合组织（OECD）工作，负责研究中国经济。

最后一位是保罗·法拉赫教授，来自美国西弗吉尼亚大学，是公共管理与公共政策教授。昨晚 9 点他刚从温州飞过来，但我和他在昨晚 11 点多还有一个小时的对话，大家稍后可以看到相关视频。

几位教授的介绍到此结束，我们现在直接进入主题，首先请夏璐教授提问。

夏璐：中国式现代化的理解与领导权概念
中国人民大学中共党史党建学院教授

非常感谢王文老师，我非常荣幸受到邀请来参加今天的对话。简单介绍一下我自己，然后和各位分享我对于中国式现代化的一些理解。我在人大中共党史党建学院工作，但我的专业是政治历史，我是在中国香港获得博士学位的。同时也关注比较史等方面。对我来讲，有一个永恒的问题，就是一些共产主义国家为什么没有办法长久地存续下去，而有一些社会主义国家非常富裕，并且有更好的发展前景。我的博士论文就做了关于社会政策研究的比较，在新的组织和新的类别当中做过比较。

我自己对于中国式现代化有一些简单的或者基础的思考。今年年初，我有机会与来自非洲的同事，包括莫桑比克和坦桑尼亚的同事进行沟通，分享了自己的观点，以及其他国家对中国式现代化的理解。我的根本理念就是中国式现代化的一些差异，或者说是现代化的一些差异。有一些发展中国家在实现自己国家的现代化时，有时候会对现代化有误解或者扭曲的理解。

　　我对于其他发展中国家现代化的理解是，他们应该做发展中国家应该做的事，但他们现在所做的或者他们所拥有的，往往会受到发达国家现代化模式的影响，由此可能会在实践和理论中出现一定的差距或者一些偏差。

　　我对于中国式现代化的理解是，中国的现代化是由中国共产党提出的。尤其是在党的二十大召开之后，中国共产党真正把中国式现代化的定位摆在发展中国家需要解决以及真正追求解决的问题上，比如说在人大重阳的报告中我们所读到的，像反贫困、反腐败、反监管危机等。这是我对于中国式现代化的理解。

　　我的第二个论据来自我的观察，更多是我所做的一些研究的总结。我是学政治学的，一直在做中国党建的研究。最近我读了一篇非常有意思的文章，这篇文章介绍了一个关于"领导权"的概念，在英文当中我们把它翻译成 leadership。但是在中国共产党早期的发展过程当中，有一位很重要的党的领导人叫作瞿秋白，他把它叫作"hegemony"，而不是"leadership"。但是当我们理解党的领导的时候，我们总是把它翻译成"leadership"。我认为当我们想更好地了解党建或者是中国共产党如何带领经济社会体制发展以及社会进步时，我们也许要在政党和社会层面分别重新思考、充分复习这些概念，包括领导权和它们之间的关系。"领导权"并不是政治经济学中的霸权概念，而更多是影响力的概念。这种影响力不是个人的，而是一个组织的影响力，或者说是中国共产党对其他社会群体的影响。这就是我现在所做的研究。

在座的代表、同学、老师们，我也想听一下你们的建议和反馈，我做的这项研究是否在正确的方向上，还是各位有不一样的角度，谢谢。

白轲：全球南方视角下的中国式现代化
美国宾夕法尼亚州立大学法学与国际事务学院教授

非常感谢，我觉得刚才您提到的两个非常有趣且相互关联的概念，让我简单地提供一些建议，您可以去思考，这些建议有可能会补充您未来的研究。

讲到现代化这个概念，我认同您的观点，没错，它也是中国外交政策的一个基石，中国开始对外输出中国式现代化的概念。但问题是在中国一方面向全球南方国家输出这个概念时，联合国在日内瓦开会时也形成了一个不同的现代化概念，这个会议中国也参加了，时间大概是1986年。这个概念既不基于马列主义，也不是社会主义性质的，而是在殖民时代结束后出现的一个概念，它基于联合国大会的理念，这个概念要根据发展不断更新，同时要符合日内瓦国际规范。因此，每当提到现代化的概念以及大家对这个概念的理解时，像拉美国家或者丝绸之路沿线国家，您可能会发现它们之间存在一些相互矛盾的叙述方式。

到底如何理解现代化？现代化究竟是什么？您可以看到这是一个发展中的概念，这是一个全球南方的概念，也许我们可以更多地去探索现代化这个概念。

"党建"也是一个很有趣的概念，值得我们严肃研究，我也非常喜欢您刚才提到的"领导权"这个概念，它很有用。我们也发现在拉美、加勒比海地区，"领导权"的概念发生了逆转。在您研究党史和马列主义的时候，也许这也是一个有价值的研究方向。在 1998 年到 2004 年，委内瑞拉以及其他国家建设时，他们有关于党建、团结的理论框架，它是以自下而上的形式实现的，而非通过领导权。直到油价波动，委内瑞拉才出现危机，但在此之前一直非常稳固。这就是在殖民后期的一种模式，在全球南方国家中可能会有一些呼应，这些呼应是有意义的，也是值得您在未来研究中关注的。

🎙 王文：非常感谢白轲教授，我也非常建议大家看一下教授的研究，我这样推荐是因为他的研究对不同的法治以及其他概念进行了比较，我鼓励大家多读一些关于法治概念的内容，这些都和中国国情密切相关，特别是刚刚提到的委内瑞拉的案例，我们也会去关注，谢谢。

谢谢夏璐教授，接下来有请鲍同教授提问。

鲍同：美国如何让日本"听话"
中国人民大学外语学院日语系副教授

各位领导、专家、学者、同学们，大家好！我来自人大外国语学院，现在在区域国别学领域做一点日本、东北亚相关的研究，很荣幸能来这里参会。

我想问各位专家一个问题，美国是如何让日本如此"听话"的？我曾在日本东京的日本企业从事中日贸易工作，最令我感到麻烦或者困惑的是汇率问题，明明我们是邻国，做生意既不能用人民币也不能用日元，必须得用美元，而且一旦汇率变动，可能导致我的利润基本上就都没了。例如，我在订货时 1 美元兑换 120 日元，但到了年底我需要从日本向中国汇款时，可能需要 130 日元才能换回 1 美元。前一阵子，1 美元甚至能兑换 160 日元，但日本政府并不想过多地干预。我从日本辞职时签了保密协议，终身不能再从事这个行业，于是我来到了高校教书，但是我并没有放弃追寻这么一个简单问题的答案。我曾经听过来自政治、经济、文化、历史甚至是军事方面的解释，但是说实话，这些答案都不能让我满意。如今中国和美国的实力渐渐接近，从地缘来讲，中国和日本是邻国，日本和中国的交往比日本和美国的交往更便利。我想知道的就是，美国是如何让日本这么"听话"，未来日本还会不会这么"听话"。我不仅希望听到来自美国的声音，也想听到来自欧洲的观点，谢谢。

罗思义：美国遏制全球经济体发展影响全球经济增长
英国伦敦经济与商业政策署前署长

好的，关于这个主题我确实也读了很多文章。我是一名经济学家，对于经济学家来说，我们知道政治先于经济，政府总是将政治放在经济之前。

美国是何时实现让日本如此"听话"的呢？显然是二战之后。那么如何保持这种状态呢？假设你是日本的决策者，你必须要做规划，你得看看周边邻国，还要关注中国和俄罗斯。你必须思考如果同时与中国和俄罗斯开战会怎样。仔细想 30 秒钟，你肯定会意识到自己打不赢这场战争，因此你必须有外部的军事伙伴作为依托，那就是美国。美国表示可以这么做，但有两个条件。首先，你不能拥有核武器，美国认为日本一定要去核化，让日本无法进行自我防卫。第二，经济政策必须符合美国的利益。推荐大家看一下我的书，里面详细地写了和日本相关的情况。

美国经济每年大约增长 2%，这个增长速度大概已经持续 20 年了，美国也没有其他办法实现更高增长。在当前竞争环境下，美国没有办法通过加速自身发展来提升在竞争中的地位，唯一可以做的就是放缓其他经济体的增速，而它之前曾经成功做到。比如对待德国，美国迫使德国对自己的货币重新定价，使其经济增长率从 5% 降到 2%；同样，美国也是通过《广场协议》让日本的经济增长率从 7% 降到 2%。在 20 世纪 90 年代的时候它又遏制了"亚洲四小龙"的发展，比如说韩国，其经济增长从 5% ~ 6% 也变成了 2%。所以美国就是通过这样的方式来控制日本等经济体的。

那我们想说的是，美国有可能会"遏制"这些经济体的发展，它可能遏制了德国、日本、"亚洲四小龙"，但是美国遏制不了中国，因为中国并不依赖于美国的军事实力，所以美国只能让中国"慢性自杀"，这实际上反映了国际形势，美国试图控制国际政治局势。

我是一名经济学家，由于政治先于经济，所以我得出这样一个结论。

🎤 **王文：** 我还想请克劳斯·拉雷斯先生从国际关系和政治学角度谈谈这个问题。

克劳斯·拉雷斯：德日与美国深度合作的背后驱动力

美国威尔逊中心研究员、美国北卡罗来纳大学教授

我认为，探讨日本是否"听话"并非一个恰当的问题，日本并非单纯地服从或只听从美国的指令，德国亦是如此。在这两个案例中，其行动是

符合他们国家自身利益的，所以才和美国保持一致。

德国在冷战期间显然面临主权危机，而现在的危机则来自普京统治下的俄罗斯，这是一种实实在在的危险。就日本的情况而言，日本察觉到来自中国的"威胁"。由于一些历史因素，比如政治原因以及其他因素，中日关系一度极为紧张。日本对中国的忌惮达到一定程度后，便与美国保持一致。我们可以看到，日韩关系也曾一度高度紧张，但日本和韩国有着共同的"忌惮"对象，即中国。无论他们的想法正确与否，基于自身国家利益的考量，他们都选择与美国保持一致，这并非所谓的"听话"。美国并未要求日本"听话"，而是日本自行得出了这样的结论。韩国的情况也是如此。在冷战期间，西德看到威胁和危险来自民主德国，来自苏联，只能通过和美国结盟来应对这种危险。

我想在德国、日本还有韩国等国绝大部分人都支持这些观念和想法，那就是和美国保持一致，在自身国家利益上与美国保持一致，即使这可能需要支付高额费用来获得保护。美国驻韩国和驻日本的军队并不是免费的，而是这些国家付出了真金白银来获得的。美国没有办法告诉德国、日本或者韩国人说，你必须要这样做，你们必须要"听话"，至少在他们自己的解读中，这符合他们的国家利益。谢谢。

王文：克劳斯教授提了一个非常重要的角度，或者鲍同教授只是用了一个调侃的口吻问了这个问题。"听话"的意思换一个角度可能是更加国际化通用的问题，即为什么美国能够让日本和韩国，还有德国、欧洲的很多国家对美国的政策保持一致？我认为这是一个值得研究的课题，包括美国的软实力、联盟的价值观以及利益相通的国际交往。我不知道克劳斯您是否同意我的观点？

克劳斯·拉雷斯：部分同意。美国实际上也希望能够达成一个强大的联盟，美国其实比很多盟友都更加强大，这给美国带来了额外的实力。对于美国来说，美国绝对没有强迫这些国家，这些国家也都是民主国家，美国也是民主国家。其实每个国家都可以通过投票否决本国的任何政策。再看另外一个例子，比如北约，在冷战结束之后很多国家都加入了北约。不管正确与否，他们都希望能够加入。像波兰还有捷克等，他们太忌惮当时的苏联，即现在的俄罗斯，所以都希望加入北约。但是美国没有干预任何国家加入北约，而是这些国家自己想加入北约，因为它们害怕俄罗斯。

日本或者韩国，实际上也是同样的情况，但是他们更忌惮的是中国，把中国看成一种威胁。另外，还包括一些经济方面的因素，美国是一个大市场，和美国做生意能够让这些国家繁荣，获得经济上的利益。同时，美国的软实力，比如"好莱坞"或"迪士尼"，也非常吸引人。因此，它们喜欢美国，希望与美国结盟，这些都非常清楚。最后，不是文化也不是软实力，而是一种恐惧，或者说担心，他们担心自己在碰到威胁的时候无法独善其身。所以我觉得这是他们的考虑，但是美国从来没有强迫德国、日本或者韩国，就像它没有强迫发达国家或者任何像波兰这样的国家一样。所以我觉得"听话"这个词并不一定非常适合我们这个语境。

罗思义：在所有这些国家中，中国的市场实际上比美国的市场更大，从经济上讲更为重要。但是日本从政治上选择了美国，而不是从经济上选择。那韩国呢？当然，中国对韩国在经济和贸易方面更为重要，但韩国依然与美国保持一致，这也显示出我所讲的这种矛盾。克劳斯·拉雷斯是德国人，自然有自己的看法。

其实在默克尔之后，德国的政策有了很大的变化。美国从历史上就想分裂德国和苏联，因为他们的经济体量已经可以和美国抗衡。美国希望这两个国家不要变得太强大。我们可以看到默克尔和俄罗斯的关系非常不错，而美国并不喜欢这一点，因此美俄之间曾经关系紧张。所以我也同意克劳斯·拉雷斯刚才所讲的，其实很多情况下并不是立场的问题。在每一个案例里面，尤其是与中国相关的经济利益，可能会被过高估计。实际上，我们知道在他们的考虑中政治是先于经济的。

克劳斯·拉雷斯：我非常赞赏您刚才说的。但是您对于德国的总结过于简单了，在冷战期间美国没有必要分裂德国和苏联，因为这些国家自身的行为和决定已经导致了分裂，并没有外部力量主动去分开它们。每个国家都有自己的行为和决策，并不是由其他国家来决定的。

🎤 *王文：来自欧洲和美国的朋友有一些小分歧，但这让我们的对话变得更加精彩。接下来，我们来听听来自意大利的美国教授保罗·法拉赫的意见。*

保罗·法拉赫：乌克兰危机与人民币汇率等问题体现各国"信息差"
美国西弗吉尼亚大学公共管理与公共政策终身教授

非常感谢，我确实有一些关键点需要分享，虽然讲得细致的话会很复杂，但每一点都需要深入分析。以下是我想提到的几点：

第一点，对于乌克兰的影响力大家要达成一致认识，它是不是要真的成为美国、英国、俄罗斯之间权力的一种牵制？从乌克兰方面来说，我们需要更好地理解它们是否真的会被打败。

第二点，不仅仅是经济、政治的问题，有时是舆情或者是一种情绪。例如，德国宣布跟日本一样出现了类似的情况，德国在一些能源生产方面不愿冒险，因此这仅仅是政治决定，有时也取决于公众的舆情或情绪。

第三点，美国如何让其他国家信服，比如说如何让日本变成一个非常"听话"的"好学生"，美国好像有控制权。但我觉得民主或者非民主体系都要考虑到这样一个现实，究竟什么才是真正的自由民主。当然对这个词大家的意见不一，有些人会担心、害怕，就是由于这种模式下的一些影响。我并没有在"自由"和"自由民主"之间画一条线，它们确实是不同的概念。日本、韩国不愿意团结在一起，或者是他们会有一些担心，甚至担心战争。

但是害怕什么呢？就是这种政治体系内部和外部的信息。北约在很长一段时间内没有新成员加入，俄罗斯对新成员的申请感到担忧，为什么呢？它担心某些国家会遇到与乌克兰类似的情况。你说这是对还是不对呢？仅仅是基于现实的推演，但这种情况已经发生了。

我们提到媒体和交流沟通，许多欧洲媒体并不一定有相同的概念。同时，美国和英国的一些情报也非常重要。虽然欧洲有信息网络，但与美国的情况并不完全相同。此外，历史和语言的差异也赋予了他们一些先天优势。

但是回到刚才您提到的这个核心问题，就是评估。我记得对人民币估值问题的讨论已经很长时间了。有时候很难说贸易背景是否公平，中国的人民币一直保持较低的价值，但是从媒体和人民的角度来理解，它和贸易的关系是一个技术问题。从国际贸易的角度来讲，中国没有办法让人民币升值，因为这样会让中国产品更加价廉，从而把欧洲和美国的工作拿走。所以我们要不断考虑每一个决定，因为其他国家会有不同的理解。我认为在人民币估值问题上，中国并没有公平地开展国际贸易。我知道中国不可能一夜之间面面俱到，很多问题需要花时间解决，但是人民币估值问题就在那儿。

最后还是有关于美国的印太战略。美国想要和日本、印度以及韩国建立这样一个网络——以美国为中心的网络。但是就算没有美国，它们之间也会形成一种联盟。希望我已经讲清楚了，谢谢。

🎙 王文：其实这个问题抛出来以后，一个"听话"的词引起外国嘉宾不同的回答，我觉得背后折射了我们研究社会科学过程中的辩证的两面，即你讲的是事实还是观点。一方面在事实中我们可以找到很多以美国为中心的国际体系的相关逻辑；另一方面，从观点和理念的角度，我们又能从这些逻辑中得出一些不一样的判断，这恰恰是我们研究社会科学有趣和重要的地方。刚才我们讨论的其实是一个事物的不同方面，因此这个问题极其重要，也让我们的讨论一开始就产生了许多火花，非常感谢大家的参与。马丁·雅克先生，您想发表一些观点吗？

马丁·雅克：日本为何拒不向邻国道歉
英国剑桥大学政治与国际关系学院前高级研究员

我觉得"听话"可能不是一个恰当的词，但是现实就是自从二战结束之后，日本一直处于美国的阴影之下。我可能会这样去理解，日本与美国之间的关系是一种有限主权关系，意思就是在一些领域内，日本并没有去寻求或者去行使自己的主权，因为美国可能不会批准或者允许它这么做。我觉得日本基本上还是处于美国的影响之下，日本也明白这一点，因此他们要求对日本文化进行研究。关于这方面有一本非常好的书，是日本人写的，大概是 1947 年出版的书。

你必须了解日本文化到底是怎么运转的，可能和中国文化有点差别，当然有重叠的部分，但是日本还是有独特性。我们要了解日本社会的本质和日本社会的结构。在二战结束之后，这种架构和本质与美国之间的关系以及由这种关系所产生的结果，有一个非常关键的现实，就是对日本的孤立。直到现在，这一点可能还没有被特别多地提及，因为日本和德国之间还是有一些差别。德国在历史上迅速道歉，向周边邻国，包括欧盟委员会，表达了态度。然而，日本并非如此。虽然日本曾侵略过邻国，但似乎并没有直接道歉。日本似乎很难向任何国家说"对不起"，这对其他国家来说仍然是一种痛苦，因此大家对日本在这方面的表现有批评，而与德国的表现形成了对比。这就是为什么日本虽然需要与周边国家建立更好的关系，但实际上很难达成的原因。那背后的原因是什么呢？是因为二战主要还是和日本相关，以日本为核心。

我最后的观点是，毫无疑问这是和日本人的心态，以及他们对美国的理解有关。他们可能也是觉得美国投放原子弹对日本的轰炸，引发了一系列大规模人员死亡，所以美国对日本总是有这样一个潜在的震慑力，我觉得这也会影响日本人的想法和心态。你我可以看看日本与其他邻国之间的关系，同时考虑日本与美国的关系，这样的对比就非常明显了。我们都知道，日本需要对杀害那么多中国同胞负责，特别是在 20 世纪 30 年代。日本从来都没有做好道歉的准备，美国也没有要求日本道歉，尽管日本是需要负责的。当然历史和这些联系在一起讲就非常复杂，角度也很多，但是这又是一个挺有意思的问题。

我还想指出的一点是，日本被列为民主国家。除了短短一年半的时间外，日本有自由民主的政党，具有典型的西方式自由民主的特点。日本的政策体制、党派之间的关系以及与美国之间的关系都可以在此得到印证。

🎤 **王文**：刚才回答了两个问题：一个是关于党建，是国内中国式现代化最受关注的问题；另一个则是中国式现代化进程中面临的最重要的影响变量——美国。两个问题非常有趣，下面我们进入第三个问题。

提问：我来自中国人民大学心理学系，我想问两个关于中国经济与贸易的问题。

问题一：关于近期欧洲对中国电动车企业加征关税的问题，我想问一下主因是不正当补贴还是贸易保护，是否倒逼国内车企进行组织改革或者产生其他影响？

问题二：彭博社近期报道，中国考虑对存量房地产贷款进行转按揭或者转融资操作，如果实施会产生什么影响？当前我国对房地产的调控措施和历史上的日本和美国有什么相同和不同的地方？

王文：这个问题让你的师姐马吉特回答应该非常合适。

马吉特·莫尔娜：我觉得，通过对几个国家房地产市场泡沫情况的对比分析，可以发现中国的情况不能说是泡沫。泡沫的意思是从最低点到最高点的波动幅度，与其他国家相比，中国波动幅度可能在它们的 1/10 左右，特别是与最近几十年发生房地产市场泡沫的国家如西班牙、爱尔兰以及日本等国相比，中国是完全不一样的。所以中国当前房地产市场现状不能称作泡沫，但是房地产市场产能过剩是一个不容否认的事实。现在的主要问题是怎么调整、怎么化解产能过剩？你的另一个问题是什么？

王文：是关于欧洲的新能源汽车关税。

马吉特·莫尔娜：我是来自国际组织，我们支持自由贸易，而且支持降低关税和非关税壁垒。

白轲：我也想对电动车关税的问题发表一下我的想法。实际上，20 年前有人预测，尤其是从欧盟、美国的角度来说，我们将摒弃保护主义、摒弃国家主义，完全主张自由贸易。同时，欧盟层面的国家安全是非常神圣的，美国也绝对不会去大肆宣扬国家主义。但是在过去的 5—6 年时间里可以看到，我们已经没有办法再采用过去的衡量标准。实际上这对我们理解自由贸易的限制以及它的本质都造成了更大的困难。未来几年，不仅是美国、加拿大，欧盟也有可能对中国电动车征收高额关税。对中国来说，将会看到更多的国家以"国家安全"为借口，实施功能性区分的加征关税。例如，加拿大可能会以此保护自己的产业，而美国可能会以技术转让涉及国家安全为由加征关税。这种说法在 2000 年就已存在，但现实情况却未必如此。

马丁·雅克：我完全同意刚才白轲所说的。对于关税的征收，尤其在电动车领域以及其他一些事务上，表明西方在自由贸易方面开始出现了反转，全球化的趋势也是如此。我认为这一观点是正确的。从欧盟的角度来看，中国在电动车领域的出色表现，可能会对许多国家造成一种心理上的威胁。2015 年中国政府公布《中国制造 2025》，其中提到在 10 个行业中国更具全球竞争力，现在已经是 2024 年，中国生产的电动车让韩国、日本、德国的车企都难以望其项背。所以中国在该领域所取得的成就，让欧洲、美国看到了中国在关键产业方面的体制或者体系优势，而这些优势之前是欧洲和美国根本没有考虑过的。同时，有很多中国公司也取得了令人印象深刻的成就，尤其在动力电池领域，中国是毋庸置疑的领先者。

另外，市场对于到底什么才是一辆车的概念也在发生巨大的变化。从特斯拉开始，汽车变成了娱乐工具，而中国在概念认知上也遥遥领先于其他国家。实际上，欧美认为没办法与之进行竞争。中国在这方面做得更好，我们应该向中国学习。因为如果中国能够在电动车领域发声的话，也可以在其他产业上发声，包括绿色科技，如太阳能电池板等领域，这样的优势是可以扩散的。所以我并不完全理解欧盟一些政治家的这些说法或者想法，因为德国也在用补贴的方式来和中国竞争，同时他们还对中国的电动车征收更多的关税。对德国来说，目前汽车行业仍然是一个利润丰厚的行业。实际上欧盟现在有两个主要的汽车生产国，一个是德国，另一个是法国。所以对于德国来说，他们可能会在年底提出一个更新的提案。

克劳斯·拉雷斯：是的，我大部分同意你的观点。我也同意你刚才所说的德国的立场实际上有些自相矛盾。同时我也同意，中国展示了战略性的思考能力，尤其是在《中国制造 2025》规划下，包括电动车、科技等方面的发展。对于中国来说，国家以及政府的角色更多聚焦于经济发展，比任何西方国家都更加聚焦。目前大部分西方国家可能并没有进行大规模补贴，而中国政府对一些产业进行了大规模补贴，地方政府也出台了很多政策支持电动车产业、电池产业等领域的发展。当然这并不意味着中国的产品不好或者是没有创新性，实际上它们在许多方面更具创新性。然而，如果我们从欧盟或其他欧洲国家的角度来看，面对大量来自中国的电动车，欧盟担心本土公司可能会在竞争中消失。例如，在太阳能电池板产业，目前99%的市场份额都被中国企业占据，这使得许多欧洲国家感到不安。如果所有重要的技术、产品都依赖于单一国家，这会是一个非常大的风险。如果所有的电动车供给都依赖中国，那么一旦出现危机，这些供给就会中断。因此，欧洲必须拥有自己的电动车生产商，即使价格可能更高。当然对于中国来说，可能意味着更多的地缘政治方面的影响。总之，不管是电动车还是其他产品，欧洲都不希望依赖于某个单一国家。

其实对欧盟来讲，如果没有保护主义措施，整个欧盟自己的电动车产业就会被淘汰。我对此也是有一些理解的，当然在国际市场中加征关税并不是一个好的做法。

马丁·雅克：从1949年到现在，整个中国的体制和世界其他国家的体制是完全不同的。对此有什么问题呢？如果中国想要这么去发展，也这么做了，就应该被接受。与此同时，欧洲应该向中国学习，电动车就是一个很好的例子，太阳能电池板也是如此。

克劳斯·拉雷斯：我同意。对电动车来说，中国可以按照自己的想法去补贴，但是不能要求其他国家接受这种补贴。从欧洲角度来说，最核心的问题是，它们想保持自己的电动车产业链供应链，不希望被其他国家独占鳌头，然后失去自己的产业。实际上，这也是具有创新性的一些实践，它们不想放弃这个产业，完全依赖其他国家。这其实不是反华，它反对的是倾销，当然这多少有些保护主义的意味。

马吉特·莫尔娜：关于中国产品的国际竞争力，由于在中国市场上的竞争非常激烈，所以价格很低，而不是由于补贴。在经济理论上，补贴在某些情况下完全是可以接受的，有新兴产业出现的时候，不管哪个国家都会给予补贴，比如中国的光伏产业就是这样发展起来的。光伏产业是一个比较好的例子，因为开始的时候有补贴，然后大家都进入光伏行业，导致竞争非常激烈，所以几年前就取消了补贴。现在该产业完全是市场化运行，在国际市场上的竞争力完全依赖于中国市场原有的激烈竞争。实际上，竞争不仅存在于光伏领域。我们做了一个包括世界各国 100 多个企业加价的计算模型，加价是衡量竞争的一个指标，测算发现几乎所有的制造产业中，中国的加价是最低的，表明中国的竞争是最激烈的，并且具有国际影响力。

白轲：我们每次讲到美国、中国等大型国家处理这些问题的时候，还有一种方式也是值得思考的，就是存在于大国之间的一些现实情况，如欧盟、美国和中国，还有就是殖民时代后的美国，包括国家安全等领域。粮食安全问题在非洲和其他发展中国家都非常突出。但日本、中国、欧盟等国家有大量农田可以为自己的市场生产粮食，并通过传统的资源，确保人口粮食安全，这可能会要求政府对自由市场进行干涉。回到现代化这个问题，可能就需要保护现代化工厂，特别是在发展中国家，包括小型国家中，要保护它们的本地文化和居民。有一些大型种植公司，它们可能会不断学习、获取知识，并推动现代化的发展。

罗思义：首先我做一个广告，这是一个基于现实的研究，叫"什么才是世界经济发展的真正模式"。今天早上我也和学生志愿者提到了，IT 专家要有一些跨学科的研究。因为目前对于世界经济的表现有很多误解，大国和小国之间增长模式是不一样的，所以我们要具体分析各自不同的增长模式。可能一种增长模式在大型经济体中是有效的，但在小型经济体中是无效的。如果只看全部经济体的平均值是有问题的。

我说这个问题有什么关系呢？为什么美国、欧洲发展得比较慢？是因为它们投入得不够多。但是如果真的投入了，可能在电动车领域很成功，但是又会有另外一个产业出现问题，这就是问题本身。因为它们没有足够的投资，而中国的净投资是 GDP 的 20%，所以美国怎么比呢？首先要有一个基本的经济架构。

🎤 **王文：**这个问题告一段落，有不同的观点，但是体现了当下全球化的两面性。面临全球化激烈竞争的时候，主要经济体呈现出两种方式：第一种方式是刚才克劳斯讲的，当自己的产业面临新竞争时，通过增加关税暂时保护自己的产业，争取未来的机会；第二种方式就是通过自由贸易打开国门，再实施各种产业政策，不仅仅包括补贴，还有其他方面的产业政策，以提升本国的竞争力。实际上过去 20 年中国采用了后者。2001 年加入世贸组织以后，中国关税一降再降，几乎让出中国本国所有的汽车市场。但是最后中国的新能源汽车异军突起，实现了汽车行业的弯道超车。中国的这种发展方式，在激烈竞争的全球化环境下值得研究，而不是像一些国家那样对中国进行妖魔化或者否定，这就是我们对话的意义，从不同的角度看到全球化下不同的政策和原因。

接下来，有请中央党校的一位博士生提问。

柏瑞山：各位老师、同学，大家好，我是国际政治专业的博士生柏瑞山。刚才听了各位专家的分享，有一个关键词"竞争"，我想问一下影响当前中美之间竞争的关键因素是什么？我有一个假设性问题，就是中美之间的竞争是否朝着意识形态化的方向发展？这个问题非常重要，如果我们肯定这个假设，那么世界将会变得非常不同。

首先，如果中美之间的竞争是国家利益的竞争，我们可以讨论关税和贸易的问题。如果中美之间的竞争是地缘政治或者权力的竞争，我们可以讨论国际政治改革和国际贸易规则的问题。但是如果中美之间的竞争是意识形态的竞争，我们就要分辨对错。如果要分辨对错，我们就会联想到之前美苏之间的竞争。当前就有一种比较悲观的看法，认为中美正滑向意识形态的陷阱。这个现象可以从国内和国际两个层面来看。

从国际层面分析，从美国方面来看，我们注意到美国政治的两面性——保守派和自由派之间斗争的极端化，这种极端化也在向外输出，影响美国的外交政策。比如特朗普政策的保守化倾向。在国际层面，特朗普和拜登政府之间存在一致化的趋势，倾向于通过意识形态划线来塑造一个企图团结或达成更紧密的西方联盟。

从国内的层面分析，我想分享一下我的体验。今天我们在讨论中国式现代化的问题，但最初我们接受的教育中，"现代化"是一个很明确的词，可能意味着经济的工业化和政治的民主化。但是现在变了，我们讲中国式现代化，这体现了我们对发展理念和发展方向的自信，这不是割裂的，我们是一种继承，继承了工业革命以来，整个人类对经济发展和社会进步理念的坚持。但是如何实现这个理念，中美之间存在差异，涉及我们如何处理中国政府和世界的关系以及中国政府和人民之间的关系，这些都有很大的差异，而根本的差异在于生活方式的不同。关于中美之间的竞争，学者之间有比较理性的对话，但是疫情防控期间在网络上看到对中国体制的各方面的攻击。所以我的问题是，中美之间的竞争是否会向意识形态方向发展？如果真的是这样，我们怎么理性地管控它；如果不是，又该如何让它回归到利益和基本政治斗争的导向上？谢谢各位老师。

王文：这个问题克劳斯和杰弗里两位可能有想法。

杰弗里·格雷许：非常感谢，我得再说一下，今天讲的内容是我个人的观点，不代表美国政府，也不代表美国国防大学，我只是分享我自己能力范围之内的一些想法。

这个问题特别好，但是没有足够的时间把整个事情从头到尾讲一遍。首先是如何管理中美之间的竞争。我上一本书叫作《新大国之间的竞争》，从欧洲、地中海到红海，一直到印度洋，我感兴趣的一个因素就是如何看待中国港口的发展。我们经常看到美国的一些观点，认为中国大部分的发展都是非透明的。为什么是非透明的？以斯里兰卡为例，它可能会说在国内战争之后，其他国家和我们保持了距离，唯一愿意保持接触的可能就是中国。即便如此，这个挑战在于中国提供了大量贷款，使斯里兰卡深陷债务危机，可能难以应对。但实际上，我也曾写过，它们可以与美国合作来管理债务，斯里兰卡只是一个相对小的案例。以日本为例，它在印度洋周边国家和东南亚进行了大量投资。如果查看这些投资条款，会发现它们非常透明，你可以在互联网上查询到所有条款，非常清晰。而中国的一些投资，尤其是与港口相关的投资条款，可能并没有那么透明，这也是一个非常大的挑战。同时，一些贷款可能没有达到预期效果，可能会让一些国家陷入棘手的境地。

我们必须通过讨论和对话来解决，我们需要讨论一些贷款还有投资，它背后的动机到底是什么。只有通过对话和沟通才能够厘清这一点，从而避免更大的一些竞争。

克劳斯·拉雷斯：我想要简要说明一下，美国认为中国是现存的一个威胁，中国现在是全球唯二的超级大国，美国忌惮中国有取而代之的野心。当然，在这方面见仁见智，有人同意，也有人不同意，但总体来说，美国绝大部分人，尤其是在政府内部的主要政党，都是这么认为的。这实际上指向三个不同领域：一个是科技，尤其是在芯片、半导体行业。如果想成为顶尖的科技和工业、产业大国，就要关注网络安全、国家安全问题，以及电动车和机器人等领先产业。第二点是关于美国。美国是环太平洋的大国，它忌惮中国可能会把美国推出太平洋，如果中国想要称霸，想要成为领导者，想领导太平洋地区，就会涉及南海问题。第三点是美国忌惮由美国联合日本、西欧、韩国等盟友建立的民主自由秩序被破坏。中国现在可能希望动摇或者改变这样一个全球秩序，并不是说要全部颠覆现有秩序，而是要去改变它。从美国来讲，伊朗、朝鲜、俄罗斯等国家，在美国眼中可能都有这样的企图。所以美国没有办法坐以待毙。

这三大领域可能是最可能发生冲突的领域。那如何克服呢？其实很难说，因为对于美国来说利益太大了，同时，对中国来说也是如此。美国不知道中方领导人是怎么想的，他们不会经常召开记者发布会。这可能也是我们这个时代最大的一个困境，所以我们需要通过沟通和互信的建立来说服另一方，他们所忌惮的最糟糕的情况并不可能出现。

另一个重要的点就是关于人文交流，就像我们现在正在进行的一样，因为这个实际上对于政治家们也会产生影响，但是否真的影响到他们的思想我们不得而知。至少我们需要加强人与人之间的交流，这样才能够避免大规模的冲突。这样做是不是正确的我们也不知道，但至少很多人都在朝这个方向努力。

保罗·法拉赫： 好的，我也有三个想法要分享。我想讲的例子是吉布提，我们有《华盛顿协议》《伦敦协议》等，很多人也写了书试图解释"一带一路"在吉布提的投资以及如何引起了不同公司之间的冲突，包括各种补贴等。实际上这里面涉及很多复杂的问题。就像杰弗里刚才所说的，由于缺乏政府做出的承诺和合同透明度，因此会导致人们对政府的不信任。这是现实还是人们的一种认知呢？不管是哪一种，它正在发生，如果它变成法庭上的一个案例的话，就证明要有更加坚定的疑问，这不是一种想象，而是一种现实。

如果我们来看一下硬币的另一面，中国对国际组织作出了非常大的贡献，包括联合国和其他的一些国际组织。我想说在很多领域中国都做得非常成功，当然就像之前所说的一样，关于美国的立场有很多批评者、抗议者，对欧盟也是如此，对中国也是一样，作为国际社会成员我们只能接受。当然中国对国际组织做出了很大的贡献，可以说是最大的贡献，包括国际援助，对很多国家的发展进行援助，这些都是积极的方面。

最后一点，实际上今天早上我已经提到，中国在亚投行做出了巨大的努力，展示出的开放、透明度和问责机制是可以复制的。如果中国想要的话，可以在"一带一路"中进行复制。关键问题是中国是否想要以同样的方式来这么做。如果看一下太平洋地区的倡议，绝大部分文件都是公开的，是可以找到的，你就可以了解在具体情境之下发生了什么，至少有一个清晰的认知，它们是可以获取的，我想这可能是可以走的一条路。

关于这个学生的问题我能想到的最后一点就是，我们谈到政府，谈到美国、欧洲、日本、中国，但我们没有谈到跨国公司。有时候政府并不是自愿或者独立做决策，它们要听取跨国公司的意见，可以说是游说或者施压，但是我们必须认识到很多时候政府并不是自由或者自愿地来做很多决策，政府也要遵循市场，包括银行、股市等。另外还包括一些跨国公司的想法，它们在多方面运作，它们的生意来自中国、美国，还有很多其他的地区，这就会造成不同的后果。

王文：中美关系非常复杂，但对于刚才提的问题，我从中国学者的角度看其实相对简单。中美之间的竞争我觉得是正常的，一方面是来源于利益，中国的公司强大了，企业强大了，占据了国际市场越来越多的份额，自然就有利益的分歧。从这个角度上讲，我觉得用市场化的方式来解决就可以了。中国现在反而是拥抱市场化的，全世界绝大多数人看到的是白宫用美国政府和国家的力量打压华为。我们认为华为在市场上越来越有竞争力，美国想要灭掉华为也应该用公司来竞争，而不是用国家和政府的力量来做，这一点应该有广泛的共识。市场的力量和概念通过磨合和结构调整应该会逐渐有新的答案，这方面我比较乐观。

第二个方面在于地缘政治，包括"一带一路"等，美国一些力量当然会觉得中国提出"一带一路"会使中国地缘政治实力越来越强，它们不一定能接受，从这个方面讲，我审慎乐观。其实中国在"一带一路"上并不排斥美国，2017 年习近平主席访问美国时，向特朗普表示中国欢迎美国加入"一带一路"。实际上，根据人大重阳研究院的研究，中国在"一带一路"上至少有四个项目是与美国合作的，可能很多媒体没有报道。从这个角度来讲，我也不认为中美之间是零和博弈。我认为最严重的是观念和意识形态领域的零和博弈，就是刚才克劳斯讲的，美国认同自己的民主制度，认为美国相对透明，这一点我也赞同保罗讲的，中国在透明度方面这些年来其实向美国学习了很多。在中国，虽然国防部这些敏感的部门没有像美国五角大楼那么透明，但是也必须看到中国的变化。我可以透露，从去年开始，中国的国家安全部，相当于美国的 CIA，都有了微信公众号。过去外交部官网也不透明，现在外交部网站上也可以看到大量中国外交的信息，所以中国其实也在提升透明度。最难的可能就是意识形态领域，美国怎么接受一个社会主义中国的崛起，从这个角度来看现在难度会比较大。但我相信两国的智慧，通过类似今天这样的场合不断沟通、不断交流、不断对话，总能找到答案。我们防范的底线恐怕就是两国之间不能有战争、不能有冲突，这是很重要的。

🎤 **王文**：刚才马克·罗泽尔院长说他有问题想问大家，有请。

马克·罗泽尔：非常感谢有这样的机会，看到很多老师、学生向我们提问，我会在这里回答问题，当然明天我也会单独做一场发言。

王文：明天在文化大厦六楼会有一场主旨演讲，欢迎大家去听。

克劳斯·拉雷斯：我也做个广告，明天我也会在文化大厦六楼有一场单独的演讲。

马克·罗泽尔：我会讲到美国人口的变化以及其对政治的影响。首先，有关美国的人口变化，美国人口的增长既来源于高生育率，也来源于亚洲等其他地区的移民对美国人口的补充。但是对于中国的经济增长，还有人们对未来经济发展的自信，我很好奇中国是如何增强经济活力的。今天早上我了解到一些非常有意思的数据，来自经济学家的研究，大概是中国有超过 2.2 亿人口超过 65 岁，有 2 亿年轻人选择不结婚。我想问你们在没有高生育率和外来人口补充的前提下，如何能够保持自身的长期经济活力呢？根据我接触到的数据，未来两三代人的时间里，中国人口可能会减少一半。那么到时候中国是否仍能保持经济活力？中国是否有一些诸如鼓励结婚、引进移民的政策或战略来维持较高的人口增长率或快速的经济增长？

🎤 **王文**：这个问题非常重要，我请后面几排的同学们简要回答，这些同学都已经是"00后"了，你们可以讲任何想说的话。那位女同学，你简要回答一下美国乔治梅森大学教授提出的问题。

学生：谢谢，作为我个人的一点经验之谈，现在确实很多年轻人打算不结婚或者保持单身。中国现在的人口增长基数确实是在下降，老龄化问题也比较严重。但是我觉得经济发展如果一直保持以前的模式肯定是跟不上人口变化的，所以说，其实有很多新兴产业正在给中国经济带来活力。

比如说针对老龄化问题，就可以发展很多养老方面的产业，这是一个等待开发的巨大市场。像年轻人，如果结婚率和生育率降低的话，可以更多地考虑单身经济的发展。而且我认为对于传统工业以及一些传统经济来说，新兴文化产业有更多可开拓的空间，这是一个比较好的方向，也可以继续维持中国经济发展的活力。

王文：也就是说你还是对中国未来有信心。

学生：我有信心，因为我并不觉得人口是中国最大的红利，我认为中国在创新方面的红利更大。

🎤 **王文：**从人口红利到创新红利。下面请这边穿着白衣服的男生回答问题。

学生：我认为就目前来看，中国创新的发展潜力还是很大的。因为过去我们是通过人口众多来创造出更多的产品，从而实现经济发展。但中国人口现在达到一定的基数之后，老龄化可能会带来一定的消费迟缓或者经济发展的迟缓。然而，创新仍然能够推动经济增长。此外，中国将迈向人

工智能等领域，这些新兴制造业可能会替代二十世纪七八十年代依赖少量劳动力的生产方式。因此，我认为现在的创新发展可以带来新的红利。

王文：我们再点那位穿黄衣服的女生发言，我看你低头沉思，你来回答一下，让大家充分听到我们中国年轻一代的看法。

学生：我也比较同意之前的观点，尤其是在养老产业方面。因为我之前和同学们一起做过一个项目，研究的是政府购买养老服务。我认为，除了政府购买之外，在政府的引导下，整个养老产业会逐渐得到完善，服务的种类也会更加丰富。未来市场化的程度可能会加大，因此我觉得在这样的模式下，我们可以迈入更加创新型、更加具有活力的发展方式。此外，对于中国来说，虽然我们现在是发展中国家，但实际上我们可能会具有一种后发优势。例如，在新能源产业和人工智能领域，我们可以越过或省略一些发展阶段。因此，我认为未来发展的潜力还是非常大的。

🎙 王文：我不知道三位同学的回答是否让马克·罗泽尔先生听到一些真实的想法。我们把这个问题交给国发院的邹静娴老师。

邹静娴：我针对刚刚那个问题补充一下，如果看日本的经验，日本的人口老龄化有很多方式去弥补，比如 AI，比如技术。日本央行前行长总结了三条人口对经济的影响：1. 如果一个国家人口快速老龄化，它的政策会被老年群体绑架，所谓的"银发民主"；2. 会影响到房价；3. 影响到财政支出在地区间的不平衡。这是老龄化对当时日本经济的三个真正大的影响。至于生产力，可以通过技术层面的东西弥补。

趁这个机会我想问两个问题，今天的题目是"中国式现代化与世界未来"，我想请教杰弗里·格雷许先生，众所周知现在 AI 被很多人使用，但其底层使用的是英文数据库和英文的语料，我们担心 AI 输出带有西方意识形态。如果越来越多的人使用 AI，习惯于使用 ChatGPT 等工具，AI 技术是否会成为传播西方意识形态的工具？我特别想听听您的看法。

杰弗里·格雷许：这个问题非常好。虽然我不是人工智能方面的专家，但我还是想分享一些看法。

人工智能在道德、政治等层面的挑战都是我们未来必须要面对的。人工智能本身也在快速变化，我个人也非常希望了解人工智能，并为此做了一系列努力。但是我认为机器学习和人工智能进入战争、竞争和商业领域，可能会带来深远的影响，但我们很难预测这些影响。因此，各国需要考虑如何管理人工智能。我不见得同意刚才关于人工智能传达西方思想的一些观点，这个问题更为复杂，可能会带来挑战，但具体会形成怎样的挑战，我们尚无法预判。我觉得这才是全球需要关注的，我们现在仅仅是看到它的开始而已。

顾爱乐：谢谢，我想对刚才的几个问题做一些回应。作为欧洲人，我们必须要观察欧洲、日本、韩国，面对美国其实大家的处境差不多。特别是二战之后，实际上我们在经济方面还是受到美国的牵制。然而，跨国合作是互相影响的。例如，日欧之间的经济联系非常紧密。此外，我们也可以质疑欧盟的政府和委员会是否能够有效地针对美国公司做出决策。

回到刚才这个问题，其实美国担心或者忧虑中国越来越强大，可能不是说日本听话不听话的问题，而是美国的一些盟友之间存在利益上的共同点，而美国和中国之间则存在意识形态上的差异。我觉得一个简单的问题是，政府到底是谁在赋能，是政府本身还是大公司、大药厂和大金融机构？我看到中国有中国共产党和政府合为一体的趋势，这也是非常成功的。即使中国出现新的大型公司，也会成为政府监管的对象，因此政府本身是最有权力的。在西方社会，许多政府现在很难真正影响大公司，比如脸书或一些大型商业巨头，包括硅谷的一些公司，政府无法干预。

克劳斯·拉雷斯：我简单回答一下，我不能说你百分之百错，但是我不同意你说的一些内容，美国政府想要让欧洲感到恐慌这一点我觉得是错误的，因为就算美国想这样做也做不到，美国没那个能力，所以我觉得你刚才的内容有些夸张。

白轲：我要感谢人大的学生，我们是老古董了，而你们每个人的观点都是未来，你们会出现在未来，不论你们是否意识到这一点，你们能够预见未来，而且其中一部分是准确的。我给大家举两个例子。首先，偏见并不重要。你们担心美国是否对人工智能有偏见的使用，但你们必须知道，生成式人工智能的一些源头会拒绝单一文化的输入，也会拒绝其他文化的输入。生成式人工智能的编程是有选择的，而偏见是自我定义的。了解这一点后，这个问题就解决了。关于生育率，通过技术革新，未来生孩子可能并不需要通过人类，这可能会成为一种社会革命，重塑社会。

罗思义：我不太喜欢阴谋论，但是有些人一定要把这个阴谋论抛出来，包括关于俄罗斯、德国等的阴谋论，我还有《华尔街日报》的一些观点，都对阴谋论进行了批驳。

🎤 王文：可见这个世界的观点多么多元化。今天下午是一个非常高质量的下午，但是我还想说这个对话还将继续。我要打两个广告：第一个广告，接下来48小时里面有4场非常精彩的讲座，欢迎大家来。第一场克劳斯·拉雷斯教授的讲座是明天上午10点半；第二场马克·罗泽尔院长的讲座是明天下午2点；第三场马吉特·莫尔娜的讲座是明天晚上8点；第四场马丁·雅克教授的讲座是后天（9月5日）下午2点。四场讲座的地点都在文化大厦的6层。

第二个广告，这两三天我既是以学者也是以老记者的身份分别采访他们，都有一个多小时的专访，这部分内容会在各个媒体投放，近期会播出，请大家关注。

总而言之，今天下午是非常高质量的时段，我们用热烈的掌声感谢每一位教授。今天的对话就到此结束，谢谢各位！

第三章

国际战略学术界专家
在华讲座

时间

2024 年 9 月 4 日（星期三）—2024 年 9 月 5 日（星期四）

地点

中国人民大学重阳金融研究院 602 会议室

克劳斯·拉雷斯：美欧与中国的关系：特朗普 vs 哈里斯
美国威尔逊中心研究员、美国北卡罗来纳大学教授

🕐 **时间：**2024 年 9 月 4 日（星期三）10:30—12:15

📍 **地点：**中国人民大学重阳金融研究院 602 会议室

一、演讲环节

非常高兴今天能够来到人大重阳。今天的演讲分成两大部分：第一，我想简单谈一下美欧与中国的关系；第二，美国大选问题。

（一）我们面临怎样的挑战？

过去国际关系比现在好。当前的中美、中欧关系并不好。过去十年中，尽管中美、中欧都曾出现过关系紧张的情况，发生过冲突，但都不是最差的情形。从美国的角度来看，美国现在已将中国视为主要威胁，尽管美国

想要继续保持世界领导地位，但中国已威胁到了美国作为世界超级大国的地位，尤其是在科学技术领域，如机器人、半导体、人工智能这些战略性新兴产业。美国担心中国将迅速赶超，并可能以不公平的方式利用新兴科技来增强其军事力量。因此，面对中国在高科技领域发起的竞争，美国的第一反应是实施各种各样的出口管制、制裁措施，如针对半导体芯片的出口实施管制。我个人并不是半导体专家，但从全球范围来看，能够生产最顶尖的半导体芯片的公司屈指可数。中国还不能生产 3 纳米厚度的芯片，而美国也只有少数企业能生产。在美国人眼里，3 纳米芯片对于发展现代军事武器如导弹、核潜艇来说极其重要。因此，为了保护自己的科技优势，维护自己的全球军事影响力，美国不允许将 3 纳米芯片出口到中国。此外，美国既是大西洋国家，也是太平洋国家，而中国是太平洋国家。美国担心中国会将其排挤出太平洋地区，因此中美之间存在冲突的可能性。众所周知，在南海问题上，中美曾出现过紧张对峙的局面。中美两国在某些问题上存在分歧。

从中国的角度来看，美国想要遏制中国的发展，这是中国难以接受的。美国对中国的某些做法难以让中国人信服，在南海问题上，中国的想法和美国的想法也是完全不一样的。此外，中国台湾问题也是一个非常重要的方面，中国对此常常对美国提出批评。尽管美国仍然支持"一个中国"政策，但中国台湾问题极为敏感，时常会引发中美关系中的不稳定因素。

（二）欧洲人是如何看待的呢？

由于欧洲依赖与中国的经贸往来，所以相较于美国，欧洲对于中国的态度较为友善，因为欧洲并没有感受到来自其他超级大国的威胁。所以，中欧之间并没有所谓的大国间的角力。当然，大部分欧洲国家都是北约成员国，欧洲和美国的关系也更为亲近，这意味着美国在欧洲的影响力极大。

对于欧洲而言，保持与中美双方的良好关系是其目标。为了确保中欧正常的贸易往来，欧洲并不希望与中国为敌。同时，深厚的历史和文化渊源也让欧洲不愿与美国决裂。近期，欧洲对中国的态度有所怀疑，尤其是怀疑中国公司利用政府补贴来维持对欧竞争优势，因此中欧关系当下存在着些许紧张。曾经有中国记者问我，欧洲人什么时候才会受够美国人的行事方式，不再接受美国施加的压力呢？我认为，这种看法其实是一厢情愿的，也是不现实的。欧洲人不想与美国交恶，也不想和中国交恶，但欧洲与美国的关系肯定要比和中国的关系更近，这是由历史、文化、语言上的渊源所决定的。所以，欧洲是否能在考虑经贸关系的情况下远离美国而加入中国阵营，我认为这是不太可能发生的。所以，如果欧洲必须要选边，无论是中国台湾问题、南海问题，还是人工智能问题，我个人认为欧洲大概率会与美国站在一起。

中欧关系的核心是经贸往来，但对于欧洲而言，与美国的经贸关系实际上更加重要：40% 的全球贸易仍然是在欧洲和美国之间开展，40% 的全球 GDP 仍然是由欧美贸易来拉动的。从经贸角度来看，欧洲更加依赖于美国市场，而非中国市场。但欧洲并不想因为这个原因就选边站队，两个市场对欧洲来说都意义重大。这就是中美、中欧关系的现状。但回顾历史，中美、中欧关系是如何走到今天这一步的呢？

20 世纪 70 年代，基辛格和尼克松对中国持开放态度。1979 年，中美外交关系的建立得到了全世界的赞许。欧洲国家也很快与中国建立了外交关系。20 世纪 70 年代，西方国家普遍与中国建立了政治和经贸关系，一切都在向好的方向发展。尽管后期因为一些特殊事件，中美关系受到冲击，但 20 世纪 90 年代开始，中美关系又得到了改善，尤其是经济方面。后来中国申请加入世贸组织，美国积极支持。如果没有美国和欧洲的支持，中国是不可能加入世贸组织的。加入世贸组织后，中国经济开始腾飞。此后，各种各样的竞争出现了。突然之间，中国企业和西方企业不再互帮互助，中国也不再是弱势的参与者，中国企业竞争力显著提升。但是此时，这只是企业之间的竞争而已，还没有上升到政府层面，因此大家的关注度并不高。

但在 2015 年、2016 年后，西方国家发现中国的经济政策变得更具进取性，这引发了一些担忧。

我想从三个方面解释这种变化。首先，2015 年、2016 年，中国政府积极支持本国企业收购西方企业，特别是在高科技领域，如机器人制造公司。例如，中国收购了德国领先的机器人公司库卡（KUKA）。德国政府对此反应较晚，也没有采取有效的措施来阻止这类收购。因为当外国企业提出巨额收购报价时，德国公司往往会接受这个价格，出售自己的企业。这种收购在当时没有法律上的限制，因此进行得比较顺利。然而，外界对中国收购越来越担忧，认为中国收购德国领先的机器人公司可能对德国国家安全产生影响。然而，德国政府无力阻止这种收购。几年后，这家公司变成了100% 由中国资本控股，这让人们质疑政府为什么要支持这样的收购。这促使德国政府设置了更多的门槛，提出了政府在某些情况下有权否决涉及国家安全和国家利益的企业收购行为的政策。总的来说，西方国家对中国经济政策的转变和收购行为的敏感度显著提升。这也反映出双方在国家安全和经济利益方面的紧张关系日渐加剧。

（三）关于中国

当中国企业在国际上快速收购扩张的同时，2015 年，中国政府发布了《中国制造 2025》。在《中国制造 2025》中，中国列出了 10 个优先发展的领域，提出在这 10 个领域，中国希望拥有领先世界的高科技公司，并且将在 10 年内实现这个目标。西方国家对此惊呼："真的吗？我们该怎么办呢？我们才是领先的，你们想超过我们，占据我们的市场，我们不愿意接受这样的事实。"所以，在西方国家看来，中国政府给予企业很多补贴这件事，是一种不恰当、不公平的鼓励政策。因为西方国家的公司没有得到足够的政府支持，难以与中国企业竞争。

所以，西方国家对中国的行为持怀疑态度，想了解中国到底想干什么，在技术方面的目标是什么。因此，在 2015 年、2016 年，中西方关系出现了转折点，从那之后，彼此关系基本上就一直延续下去且越来越紧张。

众所周知，疫情期间全球对口罩的需求量非常大。但和其他国家相比，中国把更多的口罩出口给了与中国关系更为友好的国家，这种行为引发了西方国家的担忧。口罩是这样，太阳能电池或新能源汽车又该如何呢？如果中国设置关卡，其他国家就没有任何办法。这种场景让西方国家越来越怀疑，并且越来越希望能够保护自己的市场，不再如此依赖中国。基于这样的原因，"去风险化"被提出。"去风险化"就是多样化，不把所有的鸡蛋都放在中国一个篮子里，减少对中国的依赖。原则上来说，这是没有问题的，中国也同样希望保护自己的市场，不想完全依赖西方国家。唯一的问题是，中国是个非常大的国家，有着非常多的人口。在孟加拉国、越南或者更小的国家进行生产是可行的，但没有办法和中国 14 亿人口进行对比和竞争。所以这也是"去风险化"的一个问题，能够真正帮助西方国家实现多样化的国家数量实际有限。印度并非西方国家，但科技并没有中国这么发达，可能十年之后情况会有变化，到那时印度可以作为替代中国的选择。但现在印度并不能完全替代中国，所以，绝大多数西方国家的很多产品现在仍然非常依赖中国。

（四）如何解决当前出现的挑战？

尽管中美双方都不希望出现正面冲突，但美国一些保守的右派认为，如果真的发生战争，那就直面战争吧。这是一种非常疯狂的论调。两个大国之间的战争是非常可怕的。以俄乌冲突为例，尽管双方都不是超级大国，但冲突造成的影响已经非常严重。因此，首先我希望中美能够继续保持正常的人文交流：学者之间、学生之间、企业之间能够持续对话。如果危机发生，能够通过上述途径保持中美之间沟通交流渠道的通畅。其次，高层军事交流也必须保持。特别是当危机发生时，中美双方要及时沟通，不可关闭对话渠道。例如，佩洛西窜访中国台湾时，保持中美之间的军事交流就十分关键，避免了误判。中美元首在旧金山会晤时也同意再次开启这样的沟通渠道。总之，我认为在危机出现时，中美要继续保持沟通，这是我们必须牢记的一点。

除此之外，我认为中美两国政府都不能过度敏感，尤其在台湾问题上。在这方面，常常会有一些误解，或者西方并没有非常恰当地理解中国。对于西方关于中国台湾问题的言论，中国也不需要时刻处于"应激状态"。中美不应总是怀疑或过多解读彼此的立场，这样才能给双方带来实在的好处。中美要保持冷静，意识到我们面对的是非常危险的局势，需要采取冷静的态度，而不能过于情绪化。

感谢大家！

二、提问环节

🎤 **主持人：** 讲座 12 点结束，现在还有差不多 40 分钟时间，如果大家有问题，可以向克劳斯·拉雷斯先生请教。

提问 1： 刚才您说得非常对。中美要继续保持交流，特别是在军事领域。我的问题是在未来，美国人应该怎么做呢？尤其是在美国大选即将开始的背景下，如果特朗普再次当选，中美如何保证彼此间的沟通稳定且持续？

克劳斯·拉雷斯： 非常感谢，这个问题非常好，佩洛西的行为实际上很有争议，即使在美国国内也充满争议。拜登总统个人也曾要求佩洛西不要去，但她还是去了。美国政府表示不需要她前往，佩洛西则回应说："谢谢你，但我还是要去，这是我的权利。"因此，请记住，并不是拜登派遣佩洛西去中国台湾。

中方可以通过发出警告、组织游行或联系美国驻华大使等方式来表达抗议，回应的方式有很多。然而，面对佩洛西窜访中国台湾，是否需要以军事行动作为回应呢？一旦军事行动开始，就可能出现擦枪走火的情况。这是非常危险的，事件可能会迅速升级，且升级的速度会非常快。中国的不满通过媒体表达出来，我认为双方必须控制这种情况，避免一些不必要的行动。

提问 2：教授您好！您提到 1970 年左右中美关系良好，是因为那时中国没有高科技，需要美国的帮助。但当我们提出"中国制造 2025"的目标时，美国就不太能接受。这是不是意味着美国只能接受一种世界格局，即美国是领导国家，其他国家只能是跟随者？如果美国一直是这样看待世界，那么未来中美关系的发展，中国又能做什么呢？

克劳斯·拉雷斯：非常好的一个问题，从某种程度上来讲，你是正确的，在美国政治环境当中，美国充当领头羊，其他的世界格局美国都不能接受。民主党右翼党派也是这样认为的。拜登可能更加中立一些，或者大部分美国人民还是比较中立的。但问题的关键是，中美间的根本问题在于所谓的"不公平竞争"，中国公司和美国公司应在没有政府补贴和技术盗用的情况下公平竞争。如果中国公司凭借自身优势超越美国公司，美国公司应改进技术，而不是选择制裁。当前，美国政策制定者认为中国竞争的方式并不公平。例如，中国在电动车领域通过政府补贴获得价格优势，使得中国电动车比欧洲和美国的更具性价比。这种补贴导致中国电动车在海外市场的竞争力强于欧洲和美国的产品。中国的电动车生产过剩，导致大量出口，造成了所谓的"过剩产能"问题，影响了西方市场的公平竞争。这种情况与中国在太阳能电池板领域的做法类似。欧洲和美国担心过度依赖中国市场可能导致长期不利局面，如果中国未来停止出口，西方市场将陷入困境。因此，西方国家倾向于要求公平竞争，以避免对中国市场过度依赖。

提问 3："美国优先"的政策是不是会对中国、美国之间的关系带来一定挑战，是否也会影响欧洲对华的态度？

克劳斯·拉雷斯：欧洲追求战略自主，并不因特朗普的态度而转向依赖中国。尽管特朗普与默克尔关系紧张，欧洲依然致力于增强自身的经济和军事力量，减少对外依赖。欧盟作为全球主要贸易体，正努力实现自给自足，但由于成员国意见不一，决策过程复杂且漫长。欧洲对特朗普再次上台可能带来的变化的担忧，存在不确定性。

提问 4：您认为中美关系在可预见的未来是否会提升？双方应该做出怎样的努力来打破现状？

克劳斯·拉雷斯：预测中美关系能否改善是很难的。英国政府也希望能改善和中国的关系，但在技术方面，英国与美国的看法存在显著差异。美国提出的"脱钩"概念在欧洲并不受欢迎，欧洲主要讨论的是"去风险化"，尤其是在某些领域。例如，中国与欧洲之间的玩具贸易没有任何制裁措施，农业领域也没有限制，中欧之间的合作依然良好，且有可能进一步扩大农业贸易合作。然而，在人工智能和半导体等领域，欧洲的怀疑态度显著增强。一旦涉及国家安全问题，如 5G 网络，尤其是在英国，许多人认为这是一个严重的问题。此外，美国也在向英国政府施压，限制其 5G 网络的建设。尽管华为并非由中国政府直接控制，但最终欧洲将受到来自美国的压力，限制 5G 网络的使用，这主要是美国基于国家安全的考虑。关于这一点的真相仍不确定，因此欧洲方面的态度是保持谨慎的。当然，西方国家之间也存在相互竞争。美国有一个被称为"五眼联盟"的情报共享网络，成员国均为讲英语的国家，关系密切。它们之间会相互分享情报，但这些情报不会与其他国家分享，包括德国和法国。因此，美国对德国和法国的信任程度较低，而对英国的信任程度则相对较高。在西方国家内部，信任程度存在差异，美国也并不完全信任北约的其他成员国，对中国的信任更是有限。

🎤 **主持人：**第一个问题，俄乌冲突是否会推动中美下一步合作，俄乌冲突在多大程度上会影响中美间的合作深度？第二个问题，您认为在哪些领域中，中美双方可以实现进一步合作或进一步扩大合作？现在有很多外商直接投资从中国撤出了，有些人认为，经济已经没有那么重要了，您怎么看呢？

　　克劳斯·拉雷斯： 关于中国台湾问题，我想说的是中外存在误解，但没有人怀疑中国政府的红线。西方世界以及美国都承认一个中国原则，但一些政府外的政客会持不一样的观点，我们要关注的是美国政府的官方立场，比如国务卿布林肯的表态，而不是个别议员的看法。维持现状被认为是最好的方式，西方政客普遍认为这种现状应该延续。

　　讲到俄乌冲突，一方面，中国从来没有指责俄罗斯，或者说一直避免提及这一点。对于西方社会来说，这种态度是不可接受的，因为不指责俄罗斯就意味着间接支持普京的某些行为。另一方面，中国在俄乌冲突中也具有强大的影响力，积极参与穿梭外交，广受好评。中国有机会充当调停者，组织和平会谈，将俄罗斯和乌克兰带到谈判桌上以终止冲突。然而，我们了解到，在归还乌克兰被占领的领土之前，西方国家不会同意普京回到谈判桌。中国能发挥的关键作用是探索谈判的空间。有观点认为，因为中国从俄乌冲突中有所"获利"，所以中国不希望冲突停止。我不认同这种观点。从全球不稳定局势中获益，这是一种短视行为，中国不会这么做。

　　由于时间关系，我就讲到这里。很抱歉，今天我没有直接谈及哈里斯与特朗普的问题。美国有几个摇摆州，但每个州都有自己支持的政党，所以这几个摇摆州可能会决定最终的大选结果。赢得这些州的概率，我个人觉得还是50%对50%，但现在做判断还太早，我们还需要看未来60天会发生什么。本来6月份他们之间应该有一次辩论，但后来被取消了。我们可以期待一下。

马克·罗泽尔：人口变化与美国政治转型

美国乔治梅森大学政策与政府学院院长

🕐 **时间：** 2024 年 9 月 4 日（星期三）14:00—16:00

📍 **地点：** 中国人民大学重阳金融研究院 602 会议室

一、演讲环节

大家下午好！感谢大家在这么美好的下午来到今天的会场。我知道你们的学业都很重，有很多的作业，但我非常感谢你们愿意花时间来听我的演讲。演讲的前半部分我将介绍我的主题内容，后半部分则会回答大家的问题，关于美国政治和选举的问题，也欢迎随时提问。

美国人口结构正在出现快速变化。我简单地介绍一下其中的一些关键点。

1. 在不久的将来，美国人口中将没有一个主要的族裔占比超过 50%。

2. 这种变化将对美国政治产生影响，因为不同族裔的投票权重或比例会发生变化，许多学者也在研究美国政治体系中不同族裔的投票变化。

这种人口变化对美国的政治体制，包括未来的大选可能会产生影响。一些人认为，有些党派可能会由于人口变化而获益，而有的党派会因此而失去选票。我对这种分析持一定的怀疑态度，因为当前的一些人口变化特征和趋势不一定会在未来持续下去或能够被准确预测。因此，在今天的分享中，我参考的是美国人口普查每十年所得出的结果，以及基于人口变化模式的预测。

有一些数据似乎表明，美国人口的增长在达到一定标准后可能出现逆转，这在美国将是非常严重的情况。类似的数据表明，在很多 OECD（经合组织）国家当中，特别是在日本、韩国，人口的更替、下滑已经成为很大的问题。很多人选择不结婚、单身、不生孩子，国家的人口出生率非常低。这将对各国的政治、经济产生深远影响，很多发达国家也在思考出台不同的政府政策，以逆转这个趋势。然而，出台合适的解决方案，鼓励大家多生孩子或至少愿意结婚，而不是选择一辈子单身，依然非常困难。

我们也曾看到过美国生育率的下降，大概是在 2008 年金融危机后。这也在美国高等教育界造成了一个"人口炸弹"。美国大学非常依赖学生的学费，这是大学运营的基础。现在人口曲线出现的变化意味着不久的将来，申请上大学的学生数量也会降至低谷，这将给美国高等教育带来不小的挑战。

我们步入正题。美国人口变化为什么这么明显？

来到美国的移民越来越多，特别是来自亚洲的移民。从南部边境进入美国的人口推动了美国移民人口的上升，但实际上，在美国的移民中，大部分都是亚洲来的，拉美裔移民并没有那么多。有时我们听到一些美国政客提到南部边境的"入侵"，这显得有些耸人听闻。虽然有数据显示不少墨西哥人进入美国，但同样也有很多墨西哥人离开美国，回到墨西哥生活。

另外一部分美国人口增长源于一些少数族裔的高出生率，特别是拉丁美洲裔。我将使用"拉丁美洲人后裔"这个词，这些人在政治层面是有影响力。

我们把佐治亚州等南部的一些州叫作"红色州"，因为它们普遍非常保守，支持共和党。但现在佐治亚州是美国少数族裔占主体的七个州之一，白人可能不到 50%，所以在 2020 年民主党人拜登在佐治亚州获胜。这是人口变化带来政治影响的一个缩影。

下面我用几个数据再展开说明一下。1988 年总统选举中，布什获得了 59% 的白人选票，并以大比分赢得了选举。2012 年，罗姆尼同样得到了 59% 的白人选票，但他未能当选，因为少数族裔和白人人口结构已经发生了很大变化。共和党现在不可以只依靠白人选民，也需要联合少数族裔选民。在 20 世纪 80—90 年代，只要你能获得白人选票就能够获胜，但在 2012 年情况已经完全不一样了。

2016 年，特朗普获得了 58% 的白人选票，但他在一些少数族裔群体中丢掉的选票相比罗姆尼在 2012 年丢掉的更少，特别是西班牙裔或拉丁美洲裔的选票。特朗普依然丢失了一部分选票，但与民主党候选人的差距没有那么明显，比共和党之前的候选者表现得要好。所以，人口变化及其政治影响是有一定流动性的，不一定如一些学者所说，当前人口变化趋势只会使民主党受益。

另外一个数据：当下美国 100% 的人口增长都来自少数族裔人口的增长。到 2045 年，少数族裔会成为美国人口的主体。当前白人是少数群体的州在美国有 7 个，还有 10 个州的白人占不到人口的 60%。如果三四年后再回来讲座，这些数据也会发生非常大的变化：那时候主要群体和少数群体占比情况会有很大变化，每个州的情况也会有很大变化。以现在的趋势来看，人口变化也会带来政党支持情况的变化，民主党可能会获得很多西班牙裔、亚裔和非裔的支持，而共和党主要还是会得到白人的支持。

夏威夷长期以来以亚裔人口为主。得克萨斯州、内华达州和加州也都是少数族裔占主体的州。

这是我与大家分享的数据信息，以及它对政治事务带来的影响。我们可以看到，共和党内也有人提出过类似的观点。比如现在的共和党副总统候选人万斯曾批评部分成年女性选择不生育的决定，甚至将这些女性称为"养猫的无孩女士"。这种言论在美国社会中是非常严重的冒犯。在20世纪70年代，18—55岁的人口中，绝大多数人已婚且有子女，未婚无子的比例不足20%。这也是我这一代人的生活状况，即20世纪70年代的情况。然而，现在单身或无子女的成年人已经占据了相当大的人口比例，而已婚有子女的人群比例则相对较小。因此，我们可以观察到社会人口结构的显著变化。

未婚女性往往更倾向于支持民主党，而已婚有子女的女性则可能更倾向于支持共和党。那么，未来的人口发展趋势将会如何？一些学者对此进行了预测，他们认为这种人口变化对民主党可能是有利的。目前美国的种族关系日益紧张，而民主党在这方面可能会越来越有优势。这种观点基于一种假设，即未来不同群体的投票模式会保持不变，即目前的投票规律在未来仍将延续，从而有利于民主党。然而，在做出类似假设时，我们必须非常谨慎。

关于非裔美国人，这个群体很可能在未来仍然保持不变，继续作为民主党的重要支持群体。如果要赢得全国大选，民主党需要依靠非裔选民的大力支持，这已经成为民主党非常稳固的票仓。当然，我们也观察到亚裔和西班牙裔选民的支持可能会有所波动，特别是在对民主党的支持力度上。随着少数族裔人口的显著增加，这些族裔在美国政治中开始扮演越来越重要的角色。

首先，我们可以看到当前的民主党总统候选人是少数族裔，具有部分黑人和部分亚裔血统。在美国政治中，关于少数族裔的忠诚度问题，两大政党将展开激烈竞争。每隔大约十年，美国就会进行一次全国人口普查，2017 年和 2019 年都进行了相应的人口统计。20 年前，白人占美国人口的70%，但到了 2020 年，这一比例下降到了 60%。这体现了一种代际更替。因此，我们预测，未来的美国将是少数族裔占据主导地位的人口构成。在2020 年的人口普查中，18 岁以下的人群中，绝大部分人已经不再是白人，其中约一半是拉美裔。

我引用一组数据，供大家参考：根据美国人口普查局公布的数据，拉美裔人口中最常见的年龄是 11 岁，而白人中最常见的年龄是 58 岁。这组数据能够清楚地显示未来的发展趋势。在 2020 年的人口普查中，白人人口首次出现了下降，减少了 1%，这是自美国开始人口普查以来的首次白人人口下降。这意味着，过去 10 年中，美国人口的增长主要由少数族裔推动。

首先，我们来看看拉美裔人口的增长情况。从 2000 年到现在，拉美裔人口增长了 50% 以上，而白人仅增长了 1%，目前甚至呈现下降趋势。事实上，官方的增长率可能低于实际情况，因为许多拉美裔并没有填写人口普查表格。另一个有趣的现象是，美国人口普查局采用了非常简单的种族和族裔识别方法。例如，如果一个人想知道自己是拉美裔还是西班牙裔，表格只会要求他根据自我认知来选择种族或族裔，这一方式非常简单。你可以自行决定自己的身份。这一点尤其有趣，因为许多拉美裔已经是第四代或以上的移民，虽然他们的家族历史可能追溯到四代或五代前移民到美国，但他们中的大多数已不再将自己视为拉美裔或西班牙裔，而是认为自己是白人。因此，在美国，这些人的身份认同是相对复杂的。

我可以跟大家分享一下我的个人故事。我的父亲是法国人，但他有德国和法国的混合背景，而我则是意大利裔美国人，因为我的母亲有 100% 的意大利血统。我在新泽西州长大，我们的家族非常庞大，我的母亲有五个兄弟姐妹，我也有非常多的表兄弟姐妹。我们的家庭保留着所有的传统食物、节日习俗和天主教的宗教活动。可以说，我们是一个非常典型的意大利裔美国家庭。相比之下，我的父亲在青少年时期的 15 年里，几乎没有表兄弟姐妹的陪伴。我个人的身份认同一直是意大利裔美国人，尽管实际上我只有一半的意大利血统。这就是我的故事，所以当填写美国人口普查表格时，你的族裔认同完全取决于你如何自我认定。

至于拉美裔群体，他们在 20 世纪 80—90 年代主要是通过移民进入美国，但如今这种情况已经有所变化。现在，拉美裔人口的增长更多源于他们较高的生育率。如今，拉美裔占美国人口的 19%，但只有 13% 的人有投票资格。这意味着，虽然拉美裔人口占美国总人口的 20%，但他们的投票比例只有 13%，因为大部分拉美裔人口相对年轻，尚未达到法定投票年龄（美国规定年满 18 岁才能投票）。所以，第一代和第二代拉美裔家庭普遍还比较年轻。这种代际变化已经显现，同时我们也看到了拉美裔在美国政治中的影响力在逐步增强。在 2012 年总统大选中，拉美裔选民占所有投票者的 10%。到 2020 年，拉美裔首次成为少数族裔中投票人数最多的群体，超过了非裔美国人。

还有一些现实问题，为什么拉美裔人在美国的影响力比较小呢？因为他们主要集中在五个州：加州、佛罗里达州、纽约州、得克萨斯州、亚利桑那州，但这五个州中的拉美裔人口比例还是比其他 45 个州加在一起小很多。我们可以看到，随着美国白人老龄化，年轻拉美裔人成为新的投票者，未来将会出现更多西班牙裔的政客。

下面说一下亚裔人口。目前大约有 7% 的美国人是亚裔。有一些专家预测，到 21 世纪末，亚裔和拉美裔将成为美国最主要的少数族裔，并且这种影响将持续下去。这只是一个预测，不一定完全准确，因为中间可能会有许多变数。但是有两个非常显著的趋势：亚裔通过移民增加人口，拉美裔通过高生育率来增加人口数量。

亚裔在美国政治中的影响力也在逐步显现。大约一半的亚裔美国人认为自己不属于任何特定党派，他们既不认同共和党，也不认同民主党。在20世纪90年代，亚裔倾向于投票支持共和党，但在克林顿时期这一趋势有所变化。年长的亚裔美国人，尤其是那些在20世纪70年代或80年代移民的，更多地支持共和党，而他们的子女更倾向于支持民主党。

共和党曾试图吸引更多的非裔选民支持，但未能成功。共和党在少数族裔中的主要目标选民仍然是亚裔和西班牙裔。一个鲜为人知的事实是，在2020年大选后，尽管特朗普败选，但他获得的亚裔支持率有所上升，比2016年增加了11%，而获得的拉美裔支持率则增长了6%。拜登在白人选民中获得了更多的支持，这也得到了数据的验证，可能与他的竞选策略有关。有时我会建议大家关注选举周期，因为随着人口的变化，这些趋势并非一成不变。人口变化无疑会影响未来的选举结果。共和党在争取少数族裔选票方面的表现相对不错，特别是特朗普在这方面，相较于一些未能成功争取少数族裔支持的领导人而言，显得更加出色。

在2016年，出现了许多人称为"拉美裔的崛起"的现象，当时特朗普正步入总统竞选的关键时刻。在他首次宣布竞选时，确实发表了一些引发争议的言论，特别是针对来自墨西哥移民的言论。他对拉美裔施加了非常严格的移民限制，并且推动在美国南部建立边境墙，这种举措引发了广泛的批评。基于一些基本判断，许多人认为，随着时间的推移，拉美裔的投票人数将会持续增长，并且他们可能会投票反对特朗普的政策。然而，事实却有所不同，2016年拉美裔的投票率较2012年有所下降，而特朗普在拉美裔选民中的支持率比预期的还要高。

此外，我们可以看到，非裔政客一般在非裔人口较多的地方当选，拉美裔政客一般在拉美裔人口较多的地方当选。而亚裔则是唯一有些不同的群体。举个例子，鲍比·金达尔（Bobby Jindal）曾是路易斯安那州州长，也是美国首位印度裔州长。2011年，南卡罗来纳州也出现了一位亚裔共和党州长尼基·黑利（Nikki Haley）。可以看到，亚裔政治领袖也可以在其他族裔占多数的地区获胜。

在州层面，亚裔的政治代表性较少。首位亚裔女性州长并非来自亚裔人口较多的加州或夏威夷，而是来自一个亚裔人口较少的州。越南裔在美国分布较为特殊，尽管加州有一定数量的越南裔，但作为一个较小的亚裔群体，他们的人口比例相对较低。有时，人口学家会将亚裔和拉美裔分为不同类别进行分析，如果将不同国籍的群体细分开来，可以发现，古巴裔美国人大多倾向于支持共和党，而越南裔美国人也更愿意投票给共和党，相比之下，印度裔、华裔和日裔则更多支持民主党。这些投票行为中存在非常明显的差异，进一步说明了美国政治中不同族裔来源对选举的影响。

还有一个非常有趣的趋势是，近年来共和党在亚裔美国人中的支持率有所上升。几乎每个不同的亚裔国籍群体都展现出类似的趋势。例如，华裔美国人在最近的三个选举周期中，其政治倾向发生了显著变化。韩裔美国人也呈现出类似的波动，但相比之前的人口变化，幅度还是相对有限。

我想再列举一些例子，涉及来自不同地区的政治现象。首先讲弗吉尼亚州和马里兰州。一位知名的政治学家曾提到弗吉尼亚州被称为"政治博物馆"。这是什么意思呢？他解释说，弗吉尼亚州曾长期由某些家庭控制，通过垄断选票来主导选举并维持一个党派的政治统治。然而，过去几十年中，这种情况发生了变化。弗吉尼亚州不仅是美国人口变化最显著的州之一，也是过去几十年中最可靠的共和党大本营之一。但在 2008 年奥巴马竞选后，弗吉尼亚州转向了民主党。

从 20 世纪 50 年代到 2004 年，弗吉尼亚州的人口结构经历了显著变化。在过去的 25 年里，白人占总人口的比例从 75% 下降到约 50%，而亚裔、拉美裔和非裔美国人的比例则显著提升。这种人口变化对该州的政治产生了重要影响。

弗吉尼亚州的一些郡县也是一个非常有趣的研究对象。在 2000 年，亚裔人口仅占该州总人口的 5% ～ 6%，混血族裔约占 2%。该州当时还是一个主要支持共和党的州，总人口约为 400 万。然而，到 2020 年，白人比例已下降到 53%。与此同时，亚裔人口在 20 年间从 5% 增加到 22%，其中 26% 的人口在国外出生。此外，43% 的孩子至少有一位父母是非美国出生的。这种变化令人惊讶，而弗吉尼亚州的一些郡县也成为全美人均收入最高的地区之一。这体现了美国移民成功的故事，以及移民人口如何深刻改变了当地社会结构。弗吉尼亚的高科技走廊吸引了来自东北亚和东南亚的高技术人才，尤其是在一些美国人不擅长的技术性工作领域。

在华盛顿更远的地区，也出现了一些引人注目的变化。令人惊讶的是，1990 年，这些地区只有 12% 的黑人，而现在，白人占 25%，黑人占 22%，亚裔占 10%。此外，这里 60% 的人口是在国外出生的。这意味着，曾经作为共和党坚实基础的选民，现在正逐渐转向民主党。随着人口的日益多样化，美国的治理方式也会随之改变。

我们来看一下 2020 年的数据：拉美裔人口增长了 50%，亚裔人口同样增长了 50%，黑人人口也有显著增加，而白人的增长率仅为 1%。这为民主党带来了良好的前景，只要他们能够继续保持现有的选民忠诚度。当然，投票模式也可能会发生变化，我们还需要观察未来的发展。令我感到意外的是，2020 年有 20% 的黑人男性投票支持特朗普，尤其是在关键的七个州。这对于民主党来说是一个令人惊讶的结果，因为他们没想到这些选民会转投共和党。至于这些少数族裔选票在未来是否会下降，现在还不确定。

在拜登担任总统期间，拉美裔选民可能会成为一个问题，尽管他们的投票倾向可能会有所变化，并且更支持副总统哈里斯。此外，不同代际的领导层变化也是一个重要主题，许多选民对巴以冲突政策的表现感到不满，这可能会改变许多美国年轻选民的态度。我们还可以看看美国大学的情况，近年来美国校园里爆发了许多抗议活动。这些年轻选民可能更多地倾向于支持民主党。然而，现有的投票模式并不能准确预测未来的变化，因此我们需要保持谨慎，不能轻易对未来人口变化和政党竞争之间的关系做出结论。

需要注意的是，少数族裔的观点并不总是主流观点，也不能简单地认为少数族裔会一直支持某个特定政党。事实上，少数族裔选民同样有可能支持另一个政党，这就是我今天想表达的观点。美国有一些政客，他们往往将少数族裔视为对美国"传统文化"的挑战，并称之为"冲突"。我的祖父母和父母都是来自其他国家的移民。实际上，美国每个人的祖先都来自不同的国家。美国一直是一个移民国家，并不存在统一的"白人文化"。有时一些极右翼的分析家提及"替代理论"，他们认为少数族裔的增加将取代传统的白人文化，并认为这是一个不好的现象，我非常不认同。

我想强调的一点是，美国的多样化是件好事，绝大多数美国人也认为多样化对社会有益，它促进了不同种族之间更加紧密的关系。虽然我们在新闻中偶尔会看到种族仇恨事件，但这并不能代表大多数美国人的态度，也不能反映美国社会对日益增长的少数族裔的普遍看法。

最近，刚结婚的美国人中，30% 是亚裔，20% 是拉美裔，另有 20% 是非裔美国人。而这些群体的配偶通常来自另一个种族，这种跨种族婚姻的比例正在不断增加。特别是少数族裔之间的通婚越来越多，跨族裔婚姻已不仅局限于少数族裔与白人之间的结合。这种趋势体现了不同族裔的融合。年轻的美国人尤其积极拥抱这种多样化，他们将其视为一种优势，认为这种多元化值得庆祝。我认为，年轻一代在这方面有着非常光明的未来，他们对多样化的开放态度将推动社会的进一步融合。

当前，美国正面临着大规模的人口结构变化。对年长一代来说，这种变化可能并不令人愉快，但这是不可否认的现实。事实上，美国一直处于不断变化的过程中，并不断寻找适应这些变化的方式。虽然有时这种适应需要通过抗争来实现，但从长远来看，这无疑是一个积极的发展趋势。

这就是我今天演讲的全部内容，感谢大家的聆听！我很乐意回答大家的提问或评论。

二、提问环节

🎤 **主持人：我想在大家开始提问前利用自己主持人的身份提第一个问题。请问您是否可以展开讲一下亚裔和拉美裔对特朗普的支持情况？**

马克·罗泽尔： 这其中有很多原因。

首先，许多美国人对本国的经济状况感到担忧。拜登总统的支持率并不是特别高，副总统哈里斯作为拜登政府的一部分，也面临类似的挑战。如果我们查看相关的调查数据，就会发现，当人们被问及今年大选中的最大问题是什么时，首要问题往往是经济状况。对亚裔和西班牙裔选民而言，经济问题尤为重要，而白人选民也对经济表现出高度关注，这是比较直接的原因。

其次，还有其他一些关键因素影响着选民的投票决策。例如，哪些议题被视为优先考虑的因素？目前，共和党获得了大量来自有宗教背景的选民的支持，这些选民往往频繁参与宗教活动，积极参加教堂的各种服务或活动。拉美裔选民在宗教信仰上比白人更加虔诚，他们对《圣经》怀有更深的信任，并且在一些社会问题上认为共和党可以提供更好的解决方案，这与他们传统的美国家庭价值观相契合。

最后，还有一些社会问题，比如堕胎权、同性恋权利等议题。社会保守主义者往往支持共和党，其中许多拉美裔选民也持有类似观点。因此，一些拉美裔选民认为这些议题更为重要，而特朗普正是社会保守派政策的倡导者，并得到了社会保守主义者的广泛支持。

提问 1： 教授您好！很高兴听到您分享关于美国人口变化与政治的关系。我有一个问题：美国人口变化对其外交政策有何影响？具体来说，我们比较关注的是，美国人口族裔结构的变化会如何影响美国的对华政策？

马克·罗泽尔： 非常感谢您的提问。大家可能知道，2016 年，特朗普当选总统时曾说，美国的政治领导人与其他国家做了错误的交易，尤其是允许中国加入世贸组织，这使得其他国家利用了美国。虽然这与少数族裔没有直接关系，但他的言论确实获得了许多白人工人阶级的支持。

在 2016 年大选中，一些传统上支持民主党的西部州也发生了变化，这些州原本倾向于支持希拉里，但最终却倒向了特朗普。这些州的经济，尤其是重工业和制造业地区的经济，已经出现了巨大的衰退。特朗普呼吁这些选民支持他，因为他声称当前的政治领导人与其他国家的交易损害了他们的利益，并且背弃了他们。虽然他的许多主张并没有坚实的经济基础，比如他承诺将制造业和煤炭产业带回美国，这在全球化的现实下几乎不可能实现，但这些言论确实吸引了那些对未来感到不安的选民。对于某些少数族裔和其他选民来说，这些言论同样具有吸引力，增强了他们对特朗普的信任。

至于外交政策，大多数美国选民并不会像中国选民那样高度重视外交问题。美国选民在投票时更多考虑的是国内问题，尤其是教育、医疗、就业等领域，外交政策并没有那么重要。这是非常关键的一点，特别是在一些选区，如黑人选区，选民对外交问题的看法可能与主流不同。以巴以冲突为例，尽管拜登政府在以色列问题上赢得了广泛支持，但年轻选民对美国在该地区的政策确实产生了不同的看法和影响。

古巴裔美国人是一个非常特殊的群体，大多数古巴裔选民支持共和党。这些人主要来自南佛罗里达州，他们在卡斯特罗掌权时离开了古巴，对卡斯特罗抱有负面态度。正因为如此，他们认为共和党在反古巴方面的政策更符合他们的利益，因此长期以来，他们在政治上团结一致地支持共和党。在古巴裔美国人中，这种政治倾向几乎没有变化。相较之下，其他西班牙裔群体，如来自中美洲和南美洲的移民，政治上的差异并不像古巴裔那么明显。亚裔美国人内部也存在一些政治分歧，但不如西班牙裔群体中的差异那么明显。

提问 2：教授您好！您认为，产业变化与人口变化，哪个对于美国政治转型来讲是更重要的因素？2024 年的大选，您认为经济和人口之间哪个是更重要的议题？

马克·罗泽尔：非常感谢您的问题，经济问题仍然是关键。就像比尔·克林顿的竞选口号所说的："笨蛋，问题是经济。"我们谈论的大部分内容还是经济，因为它确实是影响国家大选的核心因素。因此，经济问题始终是重要的，即使我们今天讨论的主题是不同族裔，不论美国人口的组成如何，经济对于大多数人来说仍然是至关重要的。

不过，许多美国选民在投票时会根据单一问题来做决定。例如，有些选民非常在意持枪权，他们不会投票给那些想要收缴他们枪支的候选人。还有一些选民可能只关注女性的堕胎权问题。虽然经济是美国的核心议题，但有些选民会因为某个具体问题而放弃经济考量，转而支持那些在该问题上立场鲜明的候选人。

提问 3：罗泽尔教授您好，我想请教一个关于中美关系的问题。在中国有一种普遍的观点，认为无论是哈里斯上台还是特朗普上台，中美关系都不会有特别大的改观。在这种普遍较为灰暗的预期下，您认为两者分别上台后，中美关系会有多大的差异？您设想的中美关系最好的或最坏的结果可能是什么？有哪些变量可能影响这一差异？谢谢！

马克·罗泽尔：非常感谢您的问题。当前的两位候选人都非常了解中国，他们也认识到，过去几年中美两国关系的紧张局势很大程度上反映了政治现实。在大选过程中，美国选民非常关注国家利益，他们希望看到国家领导人在国际舞台上强势捍卫美国的利益。

当前的主流观点认为，不管谁当选，美国对中国的强硬态度不会发生根本性的改变。这已经成为美国政府政策的背景之一。不过，我仍然持乐观态度，我认为两国的紧密联系在经济和地缘政治上促使双方找到更多合作的可能性。目前的紧张局势不太可能永久持续下去。大选之后，无论是特朗普还是哈里斯，都有可能尝试通过对话缓解两国关系，找到求同存异的途径，并以更加积极的方式推动关系发展。

特朗普的风格比较浮夸，在竞选过程中他表现得非常强硬，但在对华政策上，两位候选人的差异其实并不大。特朗普希望将对中国商品的关税提高至 60%，这对全球经济可能会产生不利影响。而哈里斯表示，她不会支持全面增加关税，但会对特定领域（如中国的铝合金产品）采取更有针对性的措施。因此，虽然两位候选人在对华政策上有一些差异，但总体差别并不大。

中美两国的经济联系紧密，持续恶化的地缘政治关系对双方都没有好处。我相信这两位候选人都很清楚这一点。目前的局势虽然让人沮丧，但我相信大选之后双方会努力回到更积极的对话环境中。在美国政治选举过程中，政客往往会说出他们认为能够吸引选民的言辞，以赢得选票。选举结束后，这些言辞很快就会失去重要性，无法与大选时的政治关注度相提并论。

过去一周，我在中国与很多学者一起参与了交流活动，进行人文和文化交流。我也曾带领我的学生来到中国，试图通过学术交流为两国关系的改善贡献一份力量。我希望未来的政治家能够展现智慧，让世界变得更好。

至于您的问题，我不知道是否能够很好地回答。预测未来两位候选人的行为是非常困难的，尤其是特朗普的行为往往不可预测。有些人认为，这种不可预测性是他的一种策略，用来保持政治上的混乱，以帮助自己获得支持。他是否真的是聪明的战略家？我也不确定。再次感谢您的问题。

提问 4：非常感谢教授！我的问题是，我想了解一下现在选择不结婚、不组建家庭的男性和女性的比例，究竟是男性更多还是女性更多？背后的原因是什么？政府是否有任何解决方案或相关的定向政策来应对这个问题？

马克·罗泽尔：谢谢你的提问。这个问题确实超出了我的知识范围。

在年轻人群体中，究竟是男性还是女性更不愿意结婚？我认为，目前的趋势是更多的女性选择不结婚。这在许多国家都是如此，越来越多的年轻人选择推迟甚至不进入婚姻状态。虽然我无法提供更具体的数据，但这个现象确实值得我们关注。

我可以分享一个相关的故事。在许多国家，包括美国，政府的公共政策确实为有家庭和孩子的群体提供了支持，如为有子女的家庭提供税收减免，帮助那些抚养孩子的家庭缓解经济负担。这些政策的目的是鼓励组建家庭，甚至在某种程度上奖励那些有孩子的家庭。然而，像在中国和其他许多国家一样，年轻人面临着许多生活上的挑战，如住房问题，这是他们选择推迟或不结婚的主要原因之一。在美国，实现"美国梦"也变得越来越困难，这是美国长久以来的社会话题。我想中国也有类似的"梦想"，每个国家的年轻人都希望通过努力工作，实现经济独立、事业发展，并最终能够负担起一个家庭，购买房产。

但现在，许多年轻人推迟结婚的一个原因就是经济压力。在我父母那一代，结婚的平均年龄是 21 岁或 22 岁，而现在则接近 30 岁，尤其是在受过高等教育的群体中，结婚年龄还会更高。今天的年轻人对当前的经济状况并不满意，他们不确定是否还能实现他们所期待的"美国梦"。这也是为什么越来越多年轻人与父母一起生活的原因。在我那一代，与父母同住的时间较短，而现在的年轻人则更长时间与父母同住。经济压力，尤其是住房问题，导致很多年轻人选择推迟结婚或根本不结婚。

提问 5：教授您好！我是来自中国人民大学国际关系学院的学生，非常感谢您今天的分享。我有两个问题。首先，您刚才提到，许多拉美裔移民的后代，尤其是第三代或第四代移民，已经不再认为自己是拉美裔。那他们是如何看待自己的身份的？这种身份认同的削弱是否会对他们在大选中的投票行为产生影响？其次，大量少数族裔人口即将达到法定投票年龄，并且在这些群体中涌现了许多新的政治明星，尤其是在少数族裔中，他们提出了新的意识形态。这些新兴的情况是否会对美国的传统政治结构构成破坏性挑战？例如，新一代政府是否会因此面临挑战？

马克·罗泽尔：谢谢你的问题！皮尤研究中心提供了一些非常好的数据。他们的研究预测，约有 11% 的美国人有拉美裔血统，但并不认同自己是拉美裔。特别是那些已经是第四代或第五代移民的后裔，其中一半的人不再认为自己是西班牙裔或拉美裔了。

我称自己为"连字符美国人"，比如我是意大利裔美国人。美国有很多类似的人群，如古巴裔美国人、亚裔美国人等。而在我父母那一代，他们成长于大萧条时期，认为自己就是"美国人"，不会特意强调连字符来表达身份认同。如果追溯到第三到第四代，许多人会发现他们的祖先是从其他国家移民到美国的。许多人还会将自己的名字英文化，以便更好地融入社会。第四代到第六代的移民已经不再认同他们的祖籍身份，这是一个常见的现象。因此，许多第四代或第五代的拉美裔美国人可能认为自己是"白人"，而这种主流身份认同不再局限于某种特定的种族。

至于人口多样化是否会对美国政治或社会构成破坏性影响，我认为并不会。美国的历史本质上是由多样化的移民群体构成的，包括来自东欧、西欧、西班牙和亚洲的移民，他们共同塑造了今天的美国。每一波新移民在最初进入美国时，都会面临不同程度的挑战和抵抗，因为他们被视为对主流文化或生计的威胁。这种恐惧往往伴随着担忧，即新移民可能会抢走工作或影响现有的经济格局。然而，随着时间的推移，这些移民群体逐渐融入社会，为美国带来了新的技能、文化和独特的贡献。

从历史上看，许多移民群体，如意大利裔、爱尔兰裔和德裔移民，在最初进入美国时也遭遇了类似的挑战。尤其是在 20 世纪的战争期间，德裔移民甚至更改了自己的名字，以避免受到歧视。然而，我认为多样化使美国变得更加丰富多彩。在美国的历史中，不同的移民群体都为社会的繁荣和发展作出了贡献。

因此，我不认为某个少数族裔群体的出现会导致社会或政治上的破坏性变革。事实上，美国一直是一个欢迎多样性并为来自世界各地的人们提供机会的国家。人们无论来自何处，都可以在这里获得成功，过上幸福的生活。

再次感谢您的提问！

提问 6：非常感谢教授的分享。我有两个问题。第一，关于收入的差距或财富的差距。您能否介绍一下美国实际的贫富差距的情况？第二，关于人口老龄化，中国人口老龄化的问题开始显现，美国情况是怎么样的？

马克·罗泽尔：谢谢你的提问！关于美国的老龄化问题，美国 65 岁以上的人口比例越来越大。我自己也即将 68 岁。中国也面临着类似的老龄化问题。昨天我听到一位著名的中国经济学家说，中国有超过 2 亿人已经超过 65 岁。我不清楚中国的具体退休年龄是多少。

现场观众：60 岁退休。

马克·罗泽尔：在美国，退休年龄通常是 68 岁，但这取决于你出生的时间，美国并没有强制的法定退休年龄。我认识一位同事，他是大学的院长，计划两年内退休，那时他将满 88 岁，但最终在 90 岁时才退休。为什么呢？因为他热爱教学工作，喜欢与学生交流。这真的是非常美好的事情，他也很了解新技术和新趋势，打破了大家对老年人的刻板印象。因此，随着人口老龄化的加剧，我们确实需要认真对待这个问题。

再给大家分享一些关于美国的数据，讲一下美国的社保。我的一部分收入会缴纳给美国的社会保障局。社会保障局记录着每个人的工龄和收入，决定你退休后能获得多少养老金。如果你在 65 岁退休，你会拿到固定金额的福利；如果你选择在 67 岁或 70 岁退休，你每个月的养老金会更多一些。目前在美国，只有两个在职人员的收入来支持一个退休人员，而过去这个比例是 14∶1。

联邦政府正在努力通过预算来支持社会保障项目，因为现有的工人不足以支撑庞大的退休群体。总的来说，我们需要在养老金和退休政策方面找到平衡，否则系统将变得不可持续。关注老龄化问题是社会的责任。我相信中国文化非常尊重老人，也鼓励老年人继续为社会作贡献，在这方面我们可以互相学习。

至于美国的收入不平等问题，它确实非常严重，而且情况越来越糟糕。美国的中产阶级现在变得越来越脆弱，生活压力比以前更大。尽管我手头没有具体数据，但很明显，前 1% 人口积累的财富是惊人的，这种情况在历史上和政治上都是不可持续的，因为它会加剧社会的不平等。

我的孩子们也常常和我谈起这个问题，他们会问："我该如何买得起一栋房子呢？"在他们 20 岁的时候，买房几乎是不可能的事。回顾我父母那一代，他们是工人阶级，但他们住的房子很不错。母亲不用工作，照顾四个孩子，住在郊区的好房子里。那时候我们并不觉得自己贫穷。而现在，工人阶级想要负担起一个家庭并享有这样的生活质量，已经非常困难了。因此，"美国梦"在我父母那一代可能是唾手可得的，但对于现在的年轻一代来说需要更加努力才能实现。

我们确实面临着棘手的挑战，这是我们共同面对的全球性问题。

谢谢大家！

马吉特·莫尔娜：中国的长期增长和结构性改革

OECD 中国经济政策研究室主任

🕐 **时间：**2024 年 9 月 4 日（星期三）20：00—21：40

◎ **地点：**中国人民大学重阳金融研究院 602 会议室

一、演讲环节

女士们、先生们，晚上好！

经合组织是一个研究机构，虽然是智库，但我们的目标并不是单纯为了做研究或出版。无论我们进行什么研究，都是为了得出政策结论。因此，应该从这个角度来看待我们的研究。一般来说，我们的研究并没有太多学术价值。我们也有实践经验，并愿意进行学术方面的研究，但理论研究通常不是我们的重点。我们做的研究一般是实证研究、模型研究或其他政策

研究。经济理论方面都不做，经济理论是我们思考的基础，所以对于大学的教师或大学生、研究生们来说，我们做得有点不太一样。我们的主要目的是为各国政府提供建议。

我们今天的题目是"中国的长期增长和结构性改革"，这两者应该是同一回事，为了实现可持续的长期增长，必须进行结构性改革。特别是中国已经到了一个必须加快结构性改革阶段。

今天主要是谈长期经济展望，以及如何提高经济增长质量。我们通过以下几个方面来看一下哪些领域还有比较大的提升空间，以提高经济增长的质量，保持一定的增速，并增强增长的包容性和可持续性。我们主要关注财政领域、竞争状况，包括国企改革、产品市场改革，以及创新制度等方面，这些领域都有较大的改革空间。此外，我们还将涉及一些对外经济关系，主要是贸易和投资的改革。

谈一点和短期趋势有关的话题——就业。就业是一个非常关键的指标，因为如果没有充分的就业，整个收入增长将受到影响，进而影响消费，最终直接影响到 GDP 的增长率。观察中国近几年的就业形势不太乐观，我们每个月都关注采购经理人指数，这个指数的就业分指数过去三四年来都在负区间，显示出企业对就业的预期相对悲观。无论出台什么政策，至今仍未能成功改善这一状况。

在就业方面，要考虑什么因素会影响到就业。我们有一篇工作论文研究了对外投资的替代效应，即中国对外投资对国内就业的影响。我们通过回归分析构建了动态模型，结果显示有很明显的负面影响。就业的问题不仅是周期性问题，也是结构性问题，属于长期趋势。中国企业"走出去"这一趋势已经持续十几年了，而且"走出去"的企业数量越多，对外投资规模越大，在国外设立分公司的企业也就越多，将国内的生产转移到国外的情况也就越多。

我们进行这样的实证分析是因为在调研时，特别是在浙江、山东、福建等省的商务部门,许多官员提到企业"走出去"会导致国内就业流失。我们认为二者之间有很密切的关系。这是非常重要的,但不一定是坏事。20 年前,我们也对 OECD 国家做过类似分析,也得出一样的结果,不管什么国家的企业"走出去",一般对国内就业都有负面的影响。了解这一点后,可以为应对措施做好准备,这对政策的制定具有重要价值。

就业方面的另一个障碍是新就业岗位的创造与市场所需技能之间的错配。教育部和其他专家大致都这么认为。我们用了 80 万个毕业生的数据来衡量这个错配的程度究竟有多大,以及主要错配的领域和技能是什么。我们采用了国际标准的 34 个技能指标,调查新毕业生在刚工作半年后对自己所学技能与企业要求技能之间差异的感受。我们就用这种方式衡量和估算了各个领域的差异。我们认为,差异最大的是在计算机编程方面,尽管计算机方面的岗位比较多,但具备相应技能的人较少。我们发现计算机专业的毕业生也面临着同样的问题。因此,存在这些就业障碍,我们需要思考如何促进消费。因为扩大消费是实现经济再平衡的必要条件。

我们已经谈到了采购经理人指数、企业的预期,还有一个新的研究。我们用了北大的家庭数据来推算农民工移居到城市对其消费的影响。类似的研究过去有很多,但那些研究通常假设农民工到城市后,其消费模式与城市居民相同。这一假设显然不切实际,因为每个人移居城市后,不可能立即与城市居民一样进行消费。所以,我们设计了动态模型来衡量到底影响有多大,发现外来务工人员搬到城市后,其消费增加可引起全国消费增加 3%。更重要的影响是,已经在城市居住的农民工,要是他们获得当地户口,其消费增长的效果更为显著,达到 8%。因此,从农村搬到城市并加入城市户口的两个阶段加起来,整体消费将增加 11%。这也是一种结构性改革。

消费问题不仅仅是周期性的问题,而且必须实施结构性改革才可以实现明显的消费增长。比如疫情对整个经济增长的打击可以说是大,也可以说不大，有时候 GDP 恢复得很快，三个季度就恢复了。2020 年第三季度 GDP 绝对值和 2019 年一样，所以恢复很快，但是消费恢复得并没有那么快，消费需要三年，也就是到 2023 年才恢复到 2019 年的水平。所以，我再次强调，为了提高消费，必须进行结构性改革。当然，除了这些改革以外，比较重要的是养老金改革。

中长期预期和结构性改革。

按照我们的模型，我们认为最可能的情景是，中国的人均 GDP 在 2050—2060 年将达到 OECD 国家的平均水平；GDP 增速也会降至 OECD 国家的平均水平，大概 2%。

问题是怎么从 5% 降到 2% 的？这个变化的曲线形状是什么样的？我们希望避免的是直线型的变化，因为这样变化太快了。因此，我们的主要目的是采取一些改革措施，使经济增长缓慢下降是不可避免的，因为人口已经开始减少，劳动年龄人口的绝对值和占总人口的比重已经减少了十多年。虽然人口本身的问题并不是特别大，但劳动年龄人口仍然非常重要。尽管一开始减速的影响不会立刻显现，但已经减少十年，现在已经可以看出，增速将会慢慢下降。

为了避免增速下降太快，同时为了提高增长的包容性和可持续性，必须采取一些财政改革措施。财政是一个非常重要的领域，也是需要改革非常多的领域。虽然财政方面的改革非常多，但也可以说这 20—30 年，财政方面的变化是比较有限的，整体框架没有太大的变化。

这与包容性有很大的关系，因为中国本来收入差距比较大，而财政制度的初衷就是缩小这个差距。我们把税收和转移支付这两个因素结合起来，发现它们共同产生的效果非常有限。收入差距本来就比较大，财政措施对收入差距改善没有什么作用。这是包容性增长的一个障碍。在其他国家，这种效果通常较为显著，但在中国几乎没有，而印尼的情况则起到了相反的作用。

为什么改善效果这么小呢？因为中国政府支出比较少，不过没有官方的中国政府支出数据，财政部从来没有公布一个国际上可比的口径。因此，财政部所称的财政收入和支出，仅仅是公共财政的收入和支出，但中国有四个财政账户，而且没有公布四个账户合并的数据。所以我们简单把四个中国财政账户加起来，得出的公共支出对 GDP 的比重大约在 35%。经过调整，考虑到账户之间的转移，估算大约为 GDP 的 34%。无论如何，这在国际上算是比较少的。

这部分比较少的财政资金花在哪里？和其他国家相比，花得比较多的是所谓的"硬"投资，主要是基建投资，这方面花费比较多，而所谓"软"投资花得比较少，特别是在教育、医疗卫生、社会保障方面花费较少。

先看公共投资。中国公共投资比 OECD 国家平均水平高多了，占 GDP 比重 4.5% 左右，OECD 国家大概是 3.5%，这是中国国内的数据，都是从收集到的年鉴上看到的，基建投资主要投在交通和公共设施领域。

教育支出达到了几十年来占 GDP 4% 的目标。这个目标已经制定 20 多年了，但一直处于 3.5%、3.7%、3.8% 的水平，最近十几年才达到 4%，还是比 OECD 国家平均水平低一点。中国财政支出分类有点复杂，按照国际口径的数据并未公布，所以我们查看各方面的支出都需要自行调整数据。

整个财政支出较少，而且支出的需求越来越大，主要是因为老龄化。在养老、医疗和长期护理方面的需求也很大。此外，气候变化和能源转型方面的需求也是很大的。中国的老龄化还会持续，大概到 2050 年，中国的人口结构将和日本差不多，2020 年时还差得非常远。到 2050 年，中国将成为发达国家，人口结构会和现在的日本相似。

将来需求会很高的领域目前是什么样的？比如养老金公共支出还是比 OECD 国家低很多。医疗卫生整体支出也比较低，其中个人支出的比重非常大，这是一个比较突出的问题。我认为，这也是必须改革的，要不然消费水平很难提高。因为每个人都是为了将来可能生病而储蓄，而这样的预防性储蓄一直在增加，可能疫情以来增加得更多。如果不加强社会保障，特别是养老保险和医疗保险，消费是很难提高的。

那么医疗保险需要改什么呢？我比较了一下，主要的问题不是参保人数。参保人数是很多的，和OECD国家差不多，在95%以上，这方面还可以。各个国家的报销率有一定的差异，但问题不在报销率方面。问题主要是在能报销的药品和治疗，这两个方面的目录非常窄，最大的差异就在这里。因此，好几年我们一直建议要扩大这个目录，当然扩大这个目录的同时也必须提高缴费标准，否则医疗保险制度是不可持续的。

中国各个省份支出存在差异，特别是农村可支配收入的比重较大。虽然中国对医疗的公共支出相对较低，但是国民健康状况尚可。中国在长期护理支出方面的投入非常少，虽然中国已经进入老龄化社会，但是支出如此之少，这也需要将其纳入长期改革计划中。

现在的这些财政支出加上未来的支出需求，财政来源在哪里呢？目前，我们建议考虑以下一些新的收入来源，比如国有企业的利润，特别是银行和国有金融机构的利润，很长时间都没有上缴给财政。国有企业或国有银行、国有金融公司本质上是国有的，大家都应该分享它的利润。我们认为，国有企业上缴的比重不够，比较低，可以上缴更多，而且上缴周期不稳定，比如经济不景气时突然要上缴很多，平时则很少上缴，这增加了企业管理的不确定性，也对企业发展不利。所以，应该制定长期上缴率较高的计划，这样对企业也有较大的确定性，对财政也有利。

个人所得税和房产税。在中国财政收入里，税收收入占比较小，这和其他国家不太一样。不但税收收入比较低，非税收入比重比较大，而且税收中各种税收的比重也和其他国家不太一样。中国增值税比重最大，个人所得税非常小，这与其他发达国家相反，发达国家的个人所得税占比最大。企业所得税和日本差不多，但是比OECD国家要高，比印尼要低。我认为，最大的问题是个人所得税。

问题在哪儿呢？中国拿平均收入的人不交个人所得税，这主要是 2018 年个税改革的结果，因为有一定的免税额，还有可以扣除的几个项目，要是都利用这些扣除项，拿到平均收入的人就不用交个人所得税。但是，其他国家这部分人群缴纳的税收已经非常大了。德国是高税国家，韩国是低税国家，我用这两个国家和中国进行对比。OECD 国家的平均水平与中国相比，中国的个人所得税仅为 1% ~ 2%，因此达到平均收入 2.5% 的人也只交 1% ~ 2% 的所得税。所以，财政收入增加的空间非常大。考虑到低税国家如韩国，这些人群有的已经交 15%、16%，而德国已经是 35%，中间是相对比较合理的水平。

我一直认为，不应该设置扣除项目，因为这不仅对财政收入不利，而且激励机制也存在问题，比如房地产租金等，很多国家 2024 年都已经表示，参与这样的政策最后都会导致房地产泡沫。所以，我们建议，房地产不管是租金还是贷款每个月还款的部分，都不应该从所得税金中扣除。

二十届三中全会提出要建立权责清晰、财力协调、区域均衡的中央和地方财政关系，30 多年来这个问题都还没有解决，希望将来能够解决。

债务结构也是中国的一个特点。国家的债务水平处于中等，家庭债务尚可，但积累的速度还是比较快，问题在于企业债务。其特点是什么呢？除了法国以外，中国企业债务规模与其他大国相比都要更大，而且主要特点是，这些企业债务中有很大一部分是融资平台的债务，而这些融资平台的债务本来应该由国家来承担并用于基础设施建设，因此这部分债务应该属于国家的债务。我们也对国有企业债务进行了分析，并做了一些实证研究，发现 2008 年、2009 年的货币政策导致了国有企业债务激增，这主要发生在地方一级的国有企业中。

建立全国统一大市场，实现竞争中立以及推进国有企业改革。我们依据 2019 年《中国经济调查报告》中的数据，使用了法律数据库，查阅了《反垄断法》和其他案例，分析了所有案例的种类、产业分类以及地方保护和行政垄断的类型。地方保护和行政垄断几乎是一样的，地方政府通过行政垄断的方式来保护自己的企业。

这可能不太容易理解。举例来说，重庆市政府不允许重庆以外车牌的货车进入重庆市内，这就是地方保护，保护重庆本地车牌的货车，而且这也是一种行政垄断，因为地方政府通过行政文件的形式控制其他企业，主要是市场准入，但不一定完全是市场准入，也涉及价格方面的措施，因此存在各种形式的行政垄断。

我们认为，行政垄断是一个非常严重的问题，而且如果能消除这些行政垄断，对长期经济增长会有很大的促进作用。这个问题不是一个新问题，虽然大家在最近两三年才看到，但其实早在20年前就存在这个问题。那时候国务院发展研究中心和世界银行共同发布了一个报告，主要是一些案例，他们没有整理数据，主要做了几个案例分析。那是2003年、2004年出的报告，近20年谁都没有关注到这个问题。

我们是怎么关注到的呢？在进行企业数据研究时，我们发现服务业竞争不足。我们估算了加价，作为衡量竞争力的指标，加价越小，竞争越激烈。我们发现服务业的加价比其他行业要高，几乎所有服务业的加价都是如此，因此竞争不足。这是基于100万个企业的数据得出的结果，涉及9个国家，包括中国。有了这样的发现，我们才进一步查找原因，最终发现了这个问题。

我们走访了多个省份，与50余家不同类型的企业就该问题展开交流。我们发现，计算机等新兴行业的行政垄断较多。这也是竞争垄断的一种类型。我们认为，为了打造统一大市场，比较合适的是撤销这些行政垄断。行政垄断也可能成为技术方面的障碍。例如，某个地方政府在污水处理采购文件中规定必须使用特定技术，这违反了技术中立原则，这个原则是政府和专家必须遵守的。他们用这样的条款也算是行政垄断，因为他们是为了某一个企业制定的技术政策，而排除其他企业投标、竞标。这种情况在互联网领域最为普遍。

我们谈到要撤销这些行政垄断，细致的行政垄断是如何产生的，法律上应使用什么样的手段。有时候《反垄断法》并不够用，因为这些行政垄断文件的编制者不是企业，而是政府机构。所以，《反垄断法》对政府机构不太适用，因为按照《反垄断法》，制定行政垄断内容由地方政府的上一级政府处理，但这样的机制并不可靠。

所以，自查或者由上一级政府检查不是一个有效的解决方式。现在有了公平竞争审查制度。这一制度自2016年设立以来，所有新的法律法规都必须通过公平竞争审查，但问题是2016年至2024年才8年，而之前几十年制定的行政垄断文件仍需处理。因此，市场监管总局非常忙碌，需要处理几十万甚至几百万份文件。

隐性保护是个非常大的问题，虽然在法律上，政府担保是不允许的，比如政府不能为一个企业的贷款做担保，但存在隐性担保。比如银行知道政府不会让国有企业倒闭，这就是隐性担保。融资平台也是一样。

这是国有企业监管条件，相较于其他企业，它有很多优势，我们有这方面的指标。政府在自然灾害和急需物资方面依赖国有企业提供服务，但这给国有企业的运转带来了很大的不确定性。此外，政府以什么成本来支付这些服务也是一个问题。因此，为了使国有企业更加市场化，必须将商业性服务与公益性服务分开，政府应按照市场价格来购买这些公益性服务。

我们已经谈到了行政垄断，实际上在中国还有两种垄断，这两种垄断在其他国家也存在，而行政垄断只有少数国家才有。

自然垄断。在中国的问题是，虽然存在自然垄断的基础设施，但基础设施市场上的服务也缺乏竞争。所以，二十届三中全会提出，将自然垄断的基础设施和使用这个基础设施的服务分开，这样服务领域可以开展竞争。

市场垄断。这种情况普遍存在，所以反垄断局的主要监管对象就是这些企业，例如中国的一些大型平台。这些领域的竞争不足，垄断行为一直很强，直到近几年反垄断措施几乎没有。我们在 2016 年和 2017 年就提出了这个问题，并建议处理这些反垄断行为。具体建议包括强制持有平台的企业分享其平台，分享的方式应由政府来制定或控制价格，而不是由企业自行决定。

我们也做了很多关于国有企业的研究，包括国有和民营企业全要素生产率的比较，以及公司治理各项措施对全要素生产率的影响，并做了这方面的归纳。采用经济普查数据，我们主要研究了全国所有服务业企业，约 700 万家，重点关注国有企业在就业和失业中的比重，以及其在企业数量中的占比，主要目的是评估生产率。

我们研究了各个企业的研发支出和专利数量的关系，发现一般国有企业研发支出较多，但拥有的专利数量并没有那么多。2015 年，我们进行了企业调查，发现中国几乎所有行业的专利支持水平都是最低的。尽管制造业的溢价很低，但中国制造业的竞争非常激烈，企业的国际竞争力主要依赖于国内市场的激烈竞争，而不仅仅是补贴。

我们有一套规则体系，即产品市场规则，它是通过一份包含 1000 多个问题的问卷得出的。我们大约每五年更新一次这份问卷，中国已经进行了约 4 次调查，最近一次是 2024 年进行的，所以数据很新。从整个产品市场规则来看，中国的规则比较多。

中国的价格管制比大部分 OECD 国家要多，政府采购方面的规制也很多。在服务贸易领域，与其他国家相比差异明显，这也和数据控制有关。专利调查发现，在制造业里，企业规模越大，对政府支持的依赖程度也越高。这是一个重要问题，二十届三中全会提及的改革中，中国科研经费的分配方式仍然是按照目录进行的，只有在目录上的行业才能获得政府的科研经费支持，而没有上目录的行业则很难获得支持。这导致高铁和新能源汽车占据了大部分的政府支出，而计算机和信息产业的研发支出几乎占了全国研发支出的一半。

会出现什么问题呢？可能那些具有新颖性、创造性研究的企业更容易获得政府的支持，而创新价值较高，但又不属于这些行业的企业可能无法获得支持。这导致许多企业不得不依靠自身的努力来开发具有创意性的新产品。这一现象在 2017 年的报告中得到了证实。报告指出，政府的支持主要集中在特定行业，而其他行业的企业则面临较大的挑战。二十届三中全会提出要改善行业支持的布局，以促进更广泛的创新。

在对外贸易方面，当前有两个明显的趋势与去全球化（Deg-lobalization）相关。首先是后向联系（Backward Linkages），即中国在出口中对外国投入品的依赖程度逐渐降低。根据 2008 年、2013 年和 2018 年的数据，这一比重在不断减少，反映出中国企业的产业升级，使其能够生产更高级的产品，减少对进口的依赖。

其次是中国投入品对其他国家的重要性在增加。2005 年，印尼出口中中国投入品占 16%，而到 2015 年这一比例上升至 20%。美国和日本的相关数据也显示出类似的增长趋势。这表明中国在全球价值链中的地位正在上升，未来这一趋势可能会继续，因为中国的产业将继续升级，生产更高技术含量的产品。

然而，中国企业"走出去"的成本较高，未来如何平衡这一点仍然不确定。根据企业数据分析，中国企业在对外投资方面的重要性已经超过了日本，这表明中国企业在全球市场中的活跃程度和影响力正在增强。

今天就谈这些，大家有什么问题？

提问 1：莫尔娜女士，您好。第一个问题，您做实证研究，认为中国进入了周期性调整，那么您觉得中国能避免中等收入陷阱吗？第二个问题，刚才您谈到财政收入，截至 8 月份，我们非税收入增加 1.7 万亿元，您怎么看这个问题？这和行政垄断有什么关系？谢谢！

马吉特·莫尔娜：非常感谢您的问题。关于中等收入陷阱的问题，十年前我们有个 250 页的报告，名字是《中等收入陷阱》，里面也包括中国。

我们的结论是，在目前的发展中国家中可能会避免中等收入陷阱的国家中概率最高的是中国，我们用了各方面的指标，也看了生产率、生产效率，也看了其他的家庭收入、可支配收入、储蓄方面的趋势。但这并不是绝对的，而是与其他国家相比的可能性。

由于我们需要开始短期预测三季度的情况，我最近也看到了贾康教授的文章，虽然我还没有查明具体原因，但我猜测可能并非如此。我观察到税收收入和税种方面大部分都在下降，因此我推测可能是由于税收收入下降，许多地方政府寻找其他收入来源，可能从国有企业获取一些利润，或者收取一些费用，这些收入来源可能并不完全合法。我估计情况可能是这样的。

提问2：感谢马吉特女士精彩的分享，昨天的会议我也听了，您提到中国产品竞争力的问题，您分析了原因。国际上很多观点认为，主要竞争力和低价格来自补贴，而您的结论则是由于中国市场竞争激烈。一个比较有力的证据是产品价格比较低，我认为这也是比较有力的证据，我不知道OECD有没有针对各国补贴幅度做横向的研究，因为我看到国际上的研究，做了变化分析，认为中国的补贴是过度的，和一些成熟的市场相比。不知道您有没有这方面的比较？

马吉特·莫尔娜：我也很想做这方面的比较，如果您有这方面的数据来源请告诉我，就是中国方面的，因为我比较熟悉财政，财政里什么可以补贴，财政账户上很明显的我可以查出来，但问题是有很多税收支出，中国和其他国家不一样，就是没有公布这方面的数据，因此我不知道税收支出有多大。税收补贴可能存在，但中国没有公布这方面的数据，因此无论其他国家如何看待，中国都没有可比的对象。

提问3：我回头把我看过的文章也给您分享一下，我也不知道那个数据是不是准确，可能它也没有详细披露测算的过程，有个大致的分析方法。

马吉特·莫尔娜：我看了这方面的文章，也有人向我提出过建议，但我不同意那种做法。我记得那篇文章用了 17 个企业的例子，但这些企业既不是最大的，也不是具有代表性的。有些人说这几个企业获得了多少补贴，主要是看他们的财务报表，而这些都是上市公司，因为只有上市公司才能公开财务报表。用这 17 家上市公司的数据推算全国是不对的，不能用这样的做法。这些企业既不是最大的，也不是最有代表性的，推算方法存在问题。如果样本占 80% 还可以掌握，但实际上只占 2% ~ 3%，不能这样推算。

提问 4：马吉特教授您好，非常感谢您的演讲，我最近参与了一些关于欧洲战略自主的研究，结合我最近一段时间的调研情况，我想向您提几个关于中欧贸易的问题。自中国政府在疫情后恢复经济以来，一大举措是通过出口的方式来提振经济，因为一味地扩大内需可能无法达到预期的效果。

我想问三个问题。第一，欧洲目前政治有"右转"倾向，对中国采取"去风险化"政策，您认为中国政府在接下来一段时间里，对欧出口会不会因为欧盟一些战略自主政策而受到影响？第二，中国经济在疫情前，包括俄乌冲突前，对欧洲的出口量还是占有一定比重，但现在对欧洲的出口量在持续下降，尤其在俄乌冲突爆发以后。您作为匈牙利政府的代表，如何看待匈牙利的对华政策？第三，在最近一次欧洲议会对新能源汽车的投票当中，由于匈牙利政府一票反对导致欧盟对华新能源汽车（征税）法案没有通过。很多大学学者讨论时认为，中国可以以匈牙利或类似国家为突破口各个击破，您如何看待这个观点？

马吉特·莫尔娜：我这边参会是作为国际官员，所以不谈双边问题，而且我们不干预成员国的双边问题。我们主要是让各个国家遵守国际上的原则，比如关税，我们是推进自由贸易，推动降低关税、非关税壁垒，不管对哪个国家都是这么说。但是我们不干预双边的问题。

提问 5：您刚才说到石油平台的事情，您的意思是说，石油企业已经有了平台，它要主动地把石油平台让出来一部分给民营企业或者外国企业吗？它可以收费还是有什么别的意思？

马吉特·莫尔娜： 比如打开手机，在微信里有很多程序，这些程序都是由腾讯确定能否上微信平台，而非那些企业自行决定。所以，这就是垄断的问题。根据《反垄断法》，应该强制要求腾讯、阿里或其他平台开放，让用户在使用微信时有更多选择。当然，这些企业需要向腾讯和阿里支付费用，而这个费用应该由政府进行监管。这种情况类似于固定电话线。虽然建设固定电话线的企业拥有基础设施，但其他企业仍然可以利用这一基础设施提供各种服务。这是相同的机制。

马丁·雅克：中国崛起的向心力和西方衰落的离心力
英国剑桥大学政治与国际关系学院前高级研究员

🕐 **时间：**2024 年 9 月 5 日（星期四）14：00 — 15：40

📍 **地点：**中国人民大学重阳金融研究院 602 会议室

一、演讲环节

非常高兴今天能够到场，其实这不是我第一次来中国人民大学做讲座了。我记得第一次来是因为我那本书《当中国统治世界》出版之后，来到中国人民大学国际关系学院做了一个讲座。当然，这是我第一次来到重阳，所以特别高兴能够有这样一次机会。

在过去的六到八年里，我一直在写一本新书，现在接近完成了，但还没有完全写好，因为还在进行最后的润色。今天我想谈论的话题其实也是

和我这本新书有关，可能是这本新书的第一章。当然，我的编辑跟我说，我的书不能写那么长，所以我不确定今天讲的内容在书里会不会放进去，等到时再看。

　　大家都知道，随着时间的推移，全球经济发展的中心有了很大的调整。大家从地图上（图1）就能看得出来这种世界经济中心的调整。一开始，中国、东亚以及南亚是世界经济的中心，后来由于英国工业革命，整个西方工业化，这个中心逐渐向西移动。而且，这个转移不仅仅是向西，大约在1950年时，经济中心已经转移到大西洋地区。自20世纪中叶以来，中国的崛起以及整个东亚的崛起，在过去的20年、30年甚至40年中，又使得世界经济中心向东回归，这样的现象非常有意思。

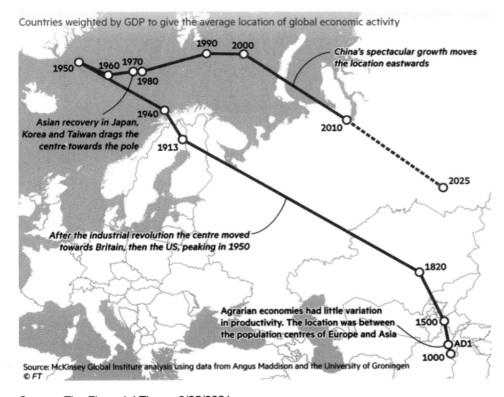

Source: The Financial Times, 6/25/2021

图1　The world's changing economic centre of gravity

接下来我想给大家介绍一下这种经济中心的调整意味着什么。今天我真正想讲的是中国的崛起和美国的衰落。但我的视角可能和大家平时了解的不太一样，希望能够给大家带来一些新的视角来分析地缘政治现象。我们先把时间拨回到 1980 年，这个时间节点是中国经济快速增长的起点。在 1980 年至 2020 年之间，有一个特别有意思的现象：欧洲占全球 GDP 的比例从 26% 降到 15%，换句话说，降幅达到了 11 个百分点，降幅非常大。美国降低幅度小一些，从 80 年代的 21% 降到 2020 年的不到 16%。从另一个角度来看，亚洲尤其是东亚在不断崛起，1980 年的比例是 11.5%，2020 年已经升到 25%，在这 25% 里中国的贡献是最大的，全球占比达到了 18%。

再给大家看一张图（图 2），这个图看着简单，但其实代表了新加坡李光耀公共政策学院院长 Danny Quah 的研究结果。他曾担任经济政治学教授，进行研究观察全球经济中心如何随着时间的推移而改变。Danny 以 1980 年作为基线，绘制了经济中心的变化图表。1980 年经济中心在大西洋东部，

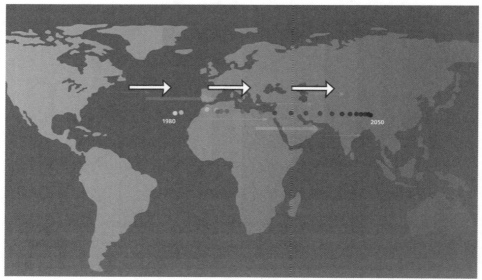

Martin Jacques, When China Rules the World: the End of the Western World and the Rise of a New Global Order

图 2　Centre of Global Economy 1980—2050

靠近欧洲海岸那边。那时候的全球经济以西方经济为主，唯一的例外是日本。当时的经济是跨大西洋经济，非洲在当时并不重要。所以，世界经济在关键指标上就等同于跨大西洋经济。后来东亚崛起，尤其是中国崛起，Danny绘制了这个图示，展示了世界经济中心转移的路线。他认为现在世界经济中心在阿拉伯半岛东北，预计到2050年将会转移到中印边界。这具有特别的象征意义，因为这意味着亚洲时代将取代西方时代，而自1750年以来，世界一直是西方时代。

当然，这样的预测会有数据上的偏差，但这是第一个我想提醒大家的。毫无疑问，从西往东的方向是不会变的，全球经济中心转移的方向是不会变的，也就是从西方时代转移到东方亚洲时代。另外我想提醒大家一点，大家一定要记住，我们看的是东西方轴线，但实际情况大家会发现，由于全球南方的崛起，中心转移的轨迹没那么简单。非洲的发展，使得全球的经济格局变得更加复杂，不仅仅是东西方轴线，还会因为拉美、非洲的崛起而带来从北往南的变化。

不管怎么样，现在说的还是东亚的崛起、南亚的崛起，比如印度。我们一会儿会再多讲一点，它有哪些影响？这个影响就是全球权力的中心在政治、外交、文化等方面正在发生调整。所以，这不再仅仅是经济层面的变化。经济是基本面，它会推动很多其他的变化，主导因素不是看军事、政治或其他的力量，而是看经济力量。有哪些佐证呢？比如英国的工业化，18—19世纪，英国建立了第一套工业体系，到19世纪后半叶，英国成了大英帝国，统治了全球人口的20%。但其实英国是个小岛国，我本人也出生在英国。所以，你可以发现，由于工业革命，它对全球的影响和它本身的体量是完全不匹配的。

美国也是同样的情况，美国在1870—1970年之间经济增长是最有活力的。当时美国有了天翻地覆的变化，各种业态不断地涌现。最后的结果是，1945年以后，美国成了中心，政治、经济、文化等方面都处于主导地位，从那之后再也没有看到类似的国家拥有这样的力量。

第三个例子就是中国。中国的发展其实不是由政治决定的。当然，政治环境提供了支撑，本质上还是经济上的转型。在 21 世纪前十年，中国在外交政策上还是非常重视经济方面的发展。中国获得了很大的影响力，而且在未来影响力还会不断增加，我认为背后的推动力也是中国本身经济的发展，就是邓小平开启改革开放之后推动的这些经济发展。

这里还得记住的是，不同类型的实力，其变化速度是不一样的，首先是经济实力产生相对变化，其后其他类型的力量才会跟进，而且其他维度的权力和力量长期来看取决于这个国家的经济实力。我想提一下，在这种背景之下，除了美国，其他地方不可能出现一个国家同时具备这么多力量，因为这些力量转变之间是有滞后效应的，而且也受各国国情的影响，所以这点要记住。

一旦一个国家进入衰退周期，开始走下坡路，其他维度的权力有可能保存下来。比如想象一下美国衰退，美国在文化、军事上面的力量会保存下来，会比它的经济实力持续时间更长。英国也是这样，经济已经萎缩了很多，但外交方面它还是非常强大的，它和美国的关系也非常好，这可能是个原因。因此，不是说中国成为领导国家之后，美国就不再重要了。美国在各个维度上还是会保存自己的一些力量，并且它在全球会得到各方面的认可。全球经济重心调整会不可避免地导致一个国家或地区的影响力发生变化，这个影响可以是正面的，也可以是负面的。我们可以把它想象成引力场：如果一个国家衰退，那么会受到国内和国外离心力的影响。

什么是离心力呢？既有国内的，也有国外的离心力，影响力会不断地降低，过去的影响力将不复存在。换句话说，一个国家如果衰退就会出现离心力，其影响力也会不断降低，其他国家会夺走这些影响力。这是衰退会带来的后果，外部影响力的衰退并不是唯一的表现，内部也会显现出类似的趋势。因为一个国家如果在国外的影响力衰退，国内的领导力和治理都会失去公信力和权威性。比如在美国，美国总统和国会的威信都在不断降低，完全和过去无法相比。因此，这种离心力会导致国内分崩离析，导致国内的治理能力下降。在国际上，许多人能感受到西方国家对其他国家的影响力正在缩小。离心力已经成为当今时代西方国家的普遍特征。这种趋势不仅存在于美国，还包括其他国家，如法国、意大利和德国等。整体西方国家的衰退是一个共同现象，历史上它们在体制机制、价值观和意识形态等方面有许多相似之处。

离心力是一个点，一个国家衰退之后，它的影响力会越来越小，但它的表现形式就是经济以及整体经济运行情况。我能够想到最好的例子就是美国外贸方面的衰退。

在 2000 年，中国外贸占比比较小，但是现在可能 70% 的国家把中国当作最大的贸易伙伴国，而美国只有 30%。这很有意思，可以看出整体经济形势的变化。

具体来说，2020 年，149 个国家与中国的贸易量超过了与美国，只有 54 个国家与美国的贸易量超过了中国。可以看出来，这种变化是非常巨大的。刚刚我提到离心力，反过来就是向心力，向心力的典型案例就是中国。大家可以看得出来，在经济这个维度，背后还有一些深层次的原因在推动这些变化。比如文化和军事方面的相应调整。在这些因素的共同作用下，中国对其他国家的影响力在不断增加。而且中国对外交往也不断增强，更多国家认为他们和中国的利益是相互关联的。所以他们认为，和中国打交道会更有利于提高本国的生活水平，更有利于推动本国经济社会发展。这个变化是巨大的，在经济层面可以看出来。

这种向心力在贸易谈判中如 RCEP（全球最大的贸易协定）、"一带一路"倡议、金砖协定等都有体现。所以，中国真的成为像磁铁一样有巨大吸引力的国家。现在大家开始意识到自己的未来需要和中国拉近关系。另外，对于中国来讲，政治境遇则完全不一样。我之前讲过，西方的精英政治现在正在逐渐走向衰落，西方的影响力从国内来看也在削弱，但中国的情况正好相反。对于执政的中国共产党来讲，他们的影响力在增加，这是因为中国在全球经济当中取得的成功，中国社会水平和文化方面所取得的成功。

现在西方如何看待这个问题？如何看待这个现象？

从 17 世纪 50 年代以来的欧洲崛起即将被亚洲取代，欧洲如何看待这一点呢？这个根本的趋势其实也是完全不可阻挡的。我认为，西方对于这个现象的态度是：西方统治下的精英阶层非常抵触这个不可阻挡的趋势，他们觉得这个趋势是可以被阻挡的。西方的视角是，他们不接受这一历史趋势的不可阻挡性。美国对中国的态度转变就体现了这一点。1972 年尼克松访华，毛主席接见，一直到 2016 年，中美关系一直非常密切。虽然也经历了起伏，但是维持了有限的伙伴关系。但美国态度发生了转变。现在美国的态度是视中国为威胁，担心中国的全球地位。美国认为中国的崛起必须要被阻止、要被抵抗、要被逆转，不惜一切代价。

美国政府认为美国依然且必须占世界主导地位，美国两大政党也都这么认为。欧洲的态度略微与美国有所区别，但大体相同。在我看来，西方的立场是不可持续的，它们想做的完全不可能实现，它们想要阻止中国的崛起，确保美国和西方能够继续他们的霸权地位，这是不可能的。所以，这里的问题是，在什么情况下以及花多长时间，才能让美国精英阶层以不同的方式对待中国，以一种更加持久、长远的方式，我现在还没有看到这方面的任何迹象。

很多人可能去过西方国家或者在国外留学，对这一点已经非常了解了，并没有所谓美国和欧洲关于未来的想法。但是在世界的这一端，不光在中国，在印度、东盟国家等，它们有非常强烈的对于未来的乐观情绪。它们的政府，不光是中国政府，各国政府都有长期的打算去建设基础设施，但是西方国家没有任何关于未来的愿景，也没有任何改变现状的计划，实际上基础设施在西方不断衰落。在西方，关于"未来"的概念大致存在，但没有任何规划。我认为，这体现出的是一个国家的文化、社会、价值观正在衰落。

就现在这个情况，我所想到的第二点是"衰落"本身的概念，我们讲的是相对衰落，而不是绝对衰落。一些社会或经济体在历史上都经历过绝对衰落，造成非常大的灾难。我是在二战期间出生的，经历过我自己国家的衰落。长时间以来，虽然英国政府不想用"衰落"这个词，但英国上下都知道我们自己在衰落。英国长期认为自己是个非常伟大的国家，做过很多伟大的事情。如果要说反面的话好像感觉不爱国。我们现在基本上到达了衰落点，也已经接受衰落多年的事实，具体是 1945 年、1918 年还是 1914 年就开始在衰落，甚至可以追溯到 20 世纪德国、美国等国开始工业化时我们就已经开始衰落了，德国在 19 世纪初就已经取代英国成为世界工业引擎。所以，我们到底什么时候开始衰落的，可以争论，但已经很久了。对美国来说，英国已经衰落很久了。

对于英国的衰落，美国的态度如何呢？ 2012 年我曾经在华盛顿做过研究，当时看奥巴马作《国情咨文》，有这样一段话，虽然我非常尊重奥巴马，但我觉得这一点很荒谬。他说："大家总是在讲美国衰落，这完全是无稽之谈，我们当然没有在衰落，美国是个伟大的国家，美国正在崛起，说美国衰落完全是无稽之谈。"所以，很难让一个伟大的国家承认自己已经不再伟大而在走向衰落，这是个非常难以直视的问题。但我觉得美国有一些动态变化的情况。

特朗普是个非常复杂的角色。他说让美国再次强大。这不够清晰，到底什么意思呢？另一方面他说我们应该减少盟友，应当停止花这些钱。这又是什么意思呢？听上去好像这是美国孤立主义的态度，其实他是第一位开始说美国不能像过去一样强大的美国总统。

我之前读过《外交政策》上的文章，里面特别提到，美国现在绝对在衰落，并把这一衰落作为既定事实。这个作者讲，他如何看待拜登的成败，最终的结论是美国在衰落，这非常有意思，因为说明现在有一部分美国人觉得或者开始接受这样一个事实，他们对未来的看法也非常不同，这是非常关键的一个情况。就中美关系来讲，直到美国意识到自己的衰落之前，它都会想要延续之前和中国的关系，即由美国主导的中美关系。美国立场的转变，需要在美国和中国接洽过程中相对于建立新型的中美关系、美国处于相对弱一些的地位而言，也就是尼克松、毛主席当时所建立的美中关系"2.0 版"。

我换个话题，时光倒流，回到西方时代之前，也就是 1750 年之前，或者更早的时候，在那之前西方社会是什么样子呢？那时候全球经济的主导力量是两个国家：中国和印度。从数据来看，中国比印度大，中、印一起占全球经济的 53%，中、印同时还占据全球人口的多半。在这个时期，还没有工业社会，而在农业社会中，经济规模和人口数量之间存在比例关系。西方进入工业化之后，这个比例关系被打破，情况完全被颠覆。到 1950 年左右，中国的 GDP 仅占全球的 4.5%，而印度只占 4.2%。此时，中国占全球人口的 22%，印度占 14.8%。在 1950 年，英国仍然是全球最大的经济体之一。之前并非如此，当时它的人口只占全球 2%。所以，这就造成了关系非常大的转变。

就亚洲来讲，其实"西方时代"或"西方时期"是彻头彻尾的灾难。这段时期（1820—1950 年），中国经济在整个世界当中只增长了 4.9%，每年增长只有 0.2%。印度稍微好一点，印度在这 130 年当中增长了 9.9%，也就是每年增长 1% ~ 1.5%。这是非常惨的增长率。英国这段时间增长了 860%，西欧稍微低一点，为 770%。美国增长了 11503%。我们如何看待这个历史时期呢？对亚洲来说，这绝对是灾难，而对西方来说，这绝对是荣光。这就是"西方时期"。

对西方来讲，这绝对是个非常了不起的时代，所有西方人会跟你说这是黄金时期，但在他们的黄金时期，亚洲却过得非常惨淡。所以，无论从哪个角度去看，无法绝对地说对全世界来说都是福音，因为情况并非如此。

世界上有很多人在当时过得非常惨，主要原因是殖民，印度是殖民统治的受害者。中国的殖民与印度不同，印度的殖民在 1947 年结束，而中国主要是从鸦片战争之后，一些沿岸地区和大城市被迫沦为半殖民地。整个世纪对亚洲来说，不仅是中国，所有国家都充满着耻辱，亚洲包括印度在内的每一个国家都被西方和日本殖民。

未来是什么样的呢？我们如何重回"亚洲世纪"呢？我认为毋庸置疑的一点是，我们现在已经走在正道上，这一点非常有意思。2050 年非常重要，在我看来其实有一些预测，我也参考这些预测，就是到 21 世纪 30 年代，中国经济可能会占到全球 GDP 的 1/3，我认为这一点不会发生，不会达到这么高的数字，会稍微增长然后略微下降。

我们现在有一个完全不一样的权力范式，就是人口多的国家，从全球来看也是最强大的经济体。这是个非常有意思的想法，因为"西方时代"，从本质上来讲它是少数派的时代，从很多形式来讲，它是由人口比较少的国家所统治和主导，因为西方国家可能占到全球人口的 12%。发展中国家，包括中国和印度在内，占全球人口的 85%。所以，当西方谈论国际体制时（如 IMF、世界银行），是统治世界的西方寡头政治。这是我个人的看法。

最后我总结一下现状。我们现在生活在什么样的世界呢？我觉得我们现在正生活在过渡期，正在从"西方世纪"过渡到"亚洲世纪"，正在经历转型。安东尼奥·葛兰西是意大利非常著名的共产主义者，他讲道："旧时代已经终结，新时代尚未诞生。"我认为这是非常好地描述现状的一句话。具体来讲，像这样的过渡时期是危险的，因为美国的权力不够稳定。我们生活在全球格局当中，而且这个格局是由美国主导的，而美国已经没有办法像过去那样主导了。

我个人认为，因为美国现在逐渐清醒，所有国家都意识到美国没办法像过去那样主导全球，所以它们都在作不同的考量，包括中国。我认为，这个情况让我们看到，世界正在动态当中，如同战争有停滞和动态阶段：前者意味着很长时间没有大的变化，而后者则是有一些短暂的时期，战况动态变化。好比说在几十年中只发生了几周的事，而有几周却感觉像过了几十年一样。这是非常好的描述现状的方式。

我认为，我们现在所处的情况，特别应当指出的是，这个时代潜伏的危险。我们现在有点类似于 1918 年和 1939 年两次世界大战期间的情形，当时英国已经没有办法维持此前的霸权地位，包括以黄金为主的货币体系。英国只能放弃自己当时的霸主地位，全球被分成不同的货币区，导致关税高企、法西斯主义崛起，后来发生了二战。我不是说这种情况会再次重演，但历史和现在相比较相似的阶段就是那段时间。所以，我们必须要非常警醒，提醒自己正处于这样的动荡期。

我想，美国如果能够正视历史，顺应历史趋势，接受它的主导地位时期已经结束，那么中美关系将会迎来一个新的时期。谢谢！

二、提问环节

🎤 **主持人：**谢谢雅克先生给我们带来一场既真切又全面，也是基于事实和数据的讲座。这是一场历史课和地缘政治课。接下来半个小时左右的时间留给在座的各位。

提问 1：教授，我有两个问题：

第一，我同意我们现在是在过渡期，我很好奇，您一直在强调文化的角色，文化是如何定义一个国家的独特性。我想知道，意识形态在未来会扮演什么样的角色？我们现在所看到的是，从某种程度上来看，它是由真正的利益所驱使的。两天前，我们在论坛上谈论过威胁、安全、经济利益。但现在我们也觉得它是一种不同意识形态的冲突。所以，我在想，您如何看这个过渡期？

第二，如果我们能在未来 20 年完成过渡，中国如您所说会有更大的世界影响力。我在想，什么时候我们能去投射影响力？届时的体系会和现在的体系有所区别，是维持同样的体系还是形成一个不同的体系？谢谢！

马丁·雅克： 我尽力来回答。观念、意识形态、价值观当然重要。在这个历史时刻，中国和美国之间的差异是显而易见的，无法简单地用历史或意识形态来概括。

首先，中美历史非常不一样。以国与国之间的关系为例，中国有着 2500 多年甚至更长时间的历史，早期并不是民族国家，而是逐渐演变而成的文明国家。中国始终如一的特色是，它一直是一个文明国家。然而，美国则完全相反。虽然民族国家的概念在美国并不适用，但美国是一个"大熔炉"，对"国家"的看法与中国正好相反。许多美国人认为国家是个问题，国家是一个非常抽象的概念，他们对此并不喜欢，也不喜欢"干涉主义式经济"，因此完全没有经济策略。如何应对大型互联网公司，这对美国来说也是一个困惑的问题。但中国有天然照顾他人、肩负照顾他人责任的文化，整个中国都是如此。一年多以前，我的朋友一直在告诉我如何做这个、做那个。我突然意识到，其实每个中国人都是这样的态度，想要帮助他人，告诉他们该如何去做。但美国完全不一样，美国认为言论自由不应当有任何的界限。这是完全不一样的价值观，而且两者之间是非常对立的，就现在的情况来讲，不知道我有没有回答你的问题。我可能回答了一部分。

现在有个想法或看法，无论谁成为霸主，它的国际体系不会与治理自身的体系相去甚远。有人觉得如果中国取代美国，可能中国的行为也会和今天的美国非常类似。我认为中国的做法会和美国存在根本上的差异，因为中国的展望更多的是以历史为维度，历史在中国文化中占据着重要地位。理解中国必须从其历史出发，而西方对中国的理解仍然不够深入。给大家举个例子，从海洋力量来讲，美国的海洋力量非常强大，拥有强大的海军。而中国从历史上看一直没有强大的海洋力量，这就是为什么在明朝郑和下西洋之后再也没有类似的舰队了，这也是中国一直以来海洋力量的情况。

再举例，西方的一贯态度是，如果你不喜欢某个国家的情况，可以直接告诉它该怎么做，如果需要的话还可以去侵略。这是西方的做法，他们觉得这样做是理所当然的，还认为其他国家也应当采取类似的行为方式。以"民主"为例，西方认为民主应当是普世性的，所有国家都应按照西方的标准去做，如果没有做到，就可以进行干预。中国对这一点的观点是完全相反的，中国的态度是，它不会期待也不要求任何一个国家有和中国一样的政治制度。为什么？因为中国不认为任何一个国家的历史和中国一样，我觉得这一点非常对。所以，怎么把中国的历史和价值观输出到其他国家呢？中国不会像这些霸权国家一样输出自己的价值观、侵略其他国家。因为中国并不认为自己可以成为其他国家的榜样，并不要求其他国家有同样的政治制度。在气候变化和经济增长等方面，中国尊重不同国家的差异。

当前，中国迫切希望发展自己的外交政策，而这在之前并不是优先考虑的事项。因此，我认为中国的未来将会有所不同。您提到的这个问题非常重要，关于这一点的研究文章很少，我的书也主要探讨这一主题，即世界在过渡时期可能会呈现的样貌。

提问 2：众所周知，沟通是理解的桥梁，您觉得讲好中国故事，对让西方理解中国的现状，包括未来的发展有什么重要的意义？意义大吗？和西方媒体打交道，您对中国的学者或者智库有什么建议？因为我看到中国的学者和智库很少能在西方主要媒体里发声，您对中国的学者和智库有什么建议？谢谢！

马丁·雅克："中国故事"是什么意思呢？

主持人：也就是把中国的信息传递到国外。

马丁·雅克：我认为这是个很有挑战性的问题，我生活在西方，我是从西方角度来讲。我个人认为，虽然中国取得了非常大的成就，但中国现在和西方沟通的方式是没有效果的。原因是中国没有在和西方沟通，而是在和自己沟通。

从很大程度上来看，历史完全不一样。我不是在批评中国，但这个问题必须要解决。我认为，很多人对西方的经历了解都很少，有些年轻人在西方留过学，可能了解会多一点。你会发现很多中国人对西方人的思维模式了解非常少。在这方面，媒体在撰写文章和发表观点时所采取的视角也有很大的局限性，这会影响到沟通的效果。中国沟通的方式和模式与西方相去甚远。我并不是说哪一种方式更好，哪一种方式更糟糕，只是说不同的文化，西方文化更加自下而上，公众的想法更重要。虽然民众的看法不一定总是正确，但它们在沟通中非常重要。而在中国，民众的看法并没有通过同样的方式表达出来，可能其重要性也相对较低。因此，在中国很难找到与西方对话和发声的有效方式。

现在中国有抖音（TikTok）等大公司，这非常有意思，这可能成为年轻人主要的沟通方式，尤其是在西方，这真的是非常了不起的成就。可能年轻一代可以有很多教给老一辈人的东西。我认为，年轻人对这些事物更加熟悉、更加习惯。这倒不是说和老年人完全不一样，只不过对年轻人来说，接受这些事物更加自然。

我刚刚在伦敦参加过一个关于中国的电视辩论。参与辩论的一方虽然很聪明，但在采访时风格却显得非常有攻击性。我觉得这个人并不能算是研究中国的学者，而只是一个研究中国的人。这个电视辩论其实算是实验性质的节目，在当时的主持和参与中，这个人扮演了反派角色。当然，我个人并不喜欢这种节目形式，更喜欢小组讨论。

回到刚刚谈到的第二点，为什么西方对某些观点那么充满敌意呢？因为在西方，你不按照这种风格来的话，别人不会听你这些观点。但我们还是得想想看，是否可以在不采用这种风格的情况下，依然实现有效的沟通。在 2000—2016 年之间，西方包括英国整体上对中国特别感兴趣，当然也有很多对中国批评的声音，但当时整体上他们还是特别希望能够对中国有更多的认识，因此当时可以说是比较开放的。

当然，现在的心态也是不断地往内看，不断变得狭隘起来。比如疫情防控期间，西方很多关于中国的报道都是非常不准确的，进行了一些妖魔化。特朗普也是难辞其咎，我认为中国对外沟通也要仔细想想战略是什么样的。年轻人是很重要的因素，可以发挥作用，但前提是你还得要了解西方。面对这种挑战，我们还是要想合理的方法来解决。

提问 3： 谢谢！我是人大的一名学生，您刚才预测，2050 年将会出现"亚洲时代"，大部分西方国家尤其是美国的态度是负面的，日本、韩国是什么态度呢？是希望这个时代尽快到来还是有所担心呢？

马丁·雅克： 我觉得你其实已经回答了这个问题，而且这个问题提得好，日本特别焦虑，因为日本对于历史一直没有摆正态度，德国对过去进行了道歉，但日本并没有真正地道歉过，他们可能做了一些宣言，但是内心并不是真诚的。

我认为，中国无论如何都应该想办法改善与日本的关系，因为中国正在崛起，而日本自 20 世纪 90 年代以来的日子一直不好过。现在是时候以更加温和的态度对待日本。2016 年之后，中国对外的态度有时显得很强硬，但这种沟通方式并不总是有效。虽然在某些情况下可能有效，但并非所有时候都如此。因此，关于日本的问题，我完全支持中国的立场和政策，但中国仍然应该向日本展现出温和的一面。中国当然是希望日本能够正式道歉，历史的真相是显而易见的，历史站在中国这一边。日本是靠近美国的，二战之后一直如此，这也是一个很大的问题。因此，日本政界需要面对这样的形势。

有人说韩国是一党制，其实日本才是这样的。韩国是不一样的，韩国在这个问题上态度是不一样的，因为还涉及朝鲜问题。对于中国的态度，韩国内部也是不统一的。所以，中国在处理韩国和日本关系上的方式是不一样的。某种程度上，韩国对外态度取决于谁是执政党，目前的执政党对中国的态度并不积极，但前任政府对中国则更加友好。整个东亚、东北亚地区的情况大致如此，台湾问题就不讨论了。

东南亚和东盟的形势则完全不同。我对东盟还是很熟悉的，东盟大部分国家要么保持中心立场，要么保持中立立场，比如马来西亚和越南也是如此。西方可能会说越南会反对中国，但我认为并非如此。菲律宾的情况也不一样。在杜特尔特担任总统时，形势有所不同，因此有观点认为中国应该更多地以善意对待菲律宾。在杜特尔特任内，双方关系得以加强。当然，现在菲律宾的领导人马科斯倾向于美国，因此菲律宾现在也成了一个附属国。印尼是东盟中一个重要的部分，与中国的关系也非常好，只要中国不希望印尼唯中，双方就能保持良好的关系。因此，整体上，中国与东盟之间的政策和关系相对较好。

主持人：我能不能补充几句，因为我本身是做亚洲研究的，我有个观点。日本和韩国问题有多种因素，既有对华关系的推力，也有拉力。比如日本拒绝正视历史，虽然日本心里知道历史的真相，但又担心中国的报复。现在中日在钓鱼岛问题上存在领土争端。此外，日本和韩国都有美国驻军，因此日本防卫省的决策还会受到美国的影响。

从地缘政治来看，如果日本能成为中国和美国在亚洲的中间人，是符合它的地缘政治利益的。但刚才提到了，日本有美国驻军，而且日本防卫省习惯的心态是，俄罗斯、朝鲜以及中国是威胁，要靠美国来保护日本。这算是它们的一个思维定式，也影响它们的外交政策走向。我们也可以这么想，出现台湾冲突时，日本自卫队并不一定有独立决策自身立场的能力。

韩国也是这样的情况，有一些推力和拉力。对日本和韩国来说，中国经济的崛起可能会导致与它核心产业的竞争。在"亚洲时代"，它们要么接受这一点，要么进行国内经济结构调整，或者与中国进一步展开竞争，它们在这方面有与美国合作的动力。此外，它们还担心中国的崛起可能会导致朝鲜力量的增强，因为毕竟这两国是重要的贸易伙伴。坦诚来说，朝鲜确实是韩国最大的安全威胁。因此，在亚洲，对于日本和韩国两国来说，如果它们要考虑整体对华关系，确实存在各种推力和拉力。

马丁·雅克：我想补充一下，东北亚地区人口比东盟少很多，东盟是 7 亿。当然，日本人口在减少，只有大概 1.2 亿甚至还不到；韩国的人口在 3000 万至 4000 万之间。我认为，东盟对于中国来说是特别关键的。进入 21 世纪以来，或者说自 90 年代之后，中国在处理与东盟的关系上非常明智，当然中国也犯了一些错误，这难以避免，所有国家都会犯错误，但整体上中国的表现还是相当不错的。我最熟悉马来西亚，马来西亚在南海问题上与中国也有一些争议，当然这个时间跨度比较大，但整体上还是向中国靠拢。因此，这个局势特别有意思。

提问 4：非常感谢马丁·雅克专业风趣的讲解和分享，一个问题是，中欧之间如何加强合作？我去年参加中欧论坛，我们讨论"去风险化"，我认为中欧之间不存在地缘政治冲突，只有合作的利益。您认为，中欧之间如何加强合作？谢谢！

马丁·雅克：坦率来说，这个问题不好回答，确实欧洲和美国对华立场是不一样的，最大的一个区别是，欧洲并不希望成为全球霸主。它过去是，但 1849 年之后就结束了。但在处理美国对华关系时，霸权是它主要的考虑。从这个角度上来看，欧洲与中国发生冲突，不符合它的利益。另外我也同意，欧洲公众涉及中国的民意变化得比较大。特别有意思的是，特朗普在任时做过一项民意调查，大部分欧洲人对美国并不支持，简单来说，他们特别痛恨特朗普。当然，这并不是说他们就支持中国。

这个结果大家可能认为是正常的。你提出的问题涉及本质的经济问题。最大的问题是这样的：2015 年，中国政府发布了《中国制造 2025》，其中一个目标是打造十大高科技行业的世界一流企业。但坦诚来说，欧洲并没有预见到中国在 2025 年之前电动汽车能发展得如此迅速，完全打败了欧洲车企，这是欧洲没有想到的。历史上欧洲过去对中国的态度是向中国输送优质的产品、高附加值的产品、高科技的产品，中国在这方面的竞争力并不强。当时欧洲会觉得这种情况会一直持续下去，当然这是很可笑的。你只要观察中国的崛起，就会发现中国不会止步不前。

中国崛起掌握了所需要的技术和知识，现在可谓让世界措手不及，西方毫无准备。德国、欧洲车企不希望对中国电动汽车征关税，他们的想法其实很对，中国在某种程度上可能会针对中国市场上的德国汽车实施报复性关税，所以欧洲很少有国家支持征关税。现在的情况，我担心 11 月份很有可能会水落石出，大家可能会意识到这个决定 是错误的。除了人权问题，这是个大问题，经济问题也很重要，因为它会表明现在中国是个动态的经济体，虽然相对过去来讲没有达到欧洲的发达程度，但会逐步超过欧洲。

欧洲会如何应对呢？欧洲现在仍然处于防守姿态。这是个大问题，也会引发很多问题，包括经济策略、战略变化，包括中国的策略和战略思维，其他国家的战略选择，等等。欧洲现在担心的就是这个问题，所以安全是个很好的借口，可以用它来应对竞争中的失败，他们不会承认，可能也没有想到这一点，但这就是本质。

另外是人权，人权是欧洲的大问题，这个"雪球"越滚越大，其实它关乎西式民主、权利、个人、言论自由等，这个问题可能会愈演愈烈。一是新疆问题，西方做了一些政治性的宣传，让很多人误以为真。但如果你去看真相，把真相摆在他们面前，然后与他们辩论，他们就会发现自己对中国的了解非常有限。二是香港问题，很多人，包括英国，仍然觉得对香港有所谓的"权力"。抱歉，你没有权力，应当走开。这是我的态度。

🎤 主持人：时间关系，我们今天就只能先到这儿了，非常感谢马丁·雅克先生给我们带来的非常精彩的演讲和答疑。谢谢各位的参与。

明德战略对话在上海：
中国是否还是发展中国家

时间

2024 年 8 月 31 日（星期六）9:50—11:30

地点

上海浦东展览馆三楼新闻发布厅

王文：尊敬的各位来宾，女士们、先生们：明德战略对话第一场座谈会"上海经济金融战略座谈会"即将开始。我是这次座谈会的主持人，也是明德战略对话项目的负责人，我叫王文，担任中国人民大学重阳金融研究院院长。我代表本次项目及相关方面，热烈欢迎来自美国、欧洲多国的国际友人来到上海。

正如大家所知，现在国际形势非常特殊，中国和一些国家的关系也面临挑战。近五年来，我看到很多西方的媒体、智库、政客对中国的看法、报道有时并不十分真实和客观，于是我作为一家智库的负责人，向相关方面建议，为什么不邀请很多对中国有研究、对国际形势有研究的美国和欧洲学者、战略界的专家来到中国，亲自观察和了解当前的中国。

于是由我们大学的智库组织了这次活动。所以，我首先特别感谢今天到场的 10 位国际学者，接受了我们研究院的邀请来到中国。更要感谢安排这次明德战略对话的几个城市，尤其是上海。明德战略对话第一站、第一场座谈会在此举行，接着大家还会去义乌、温州，最后到北京。明德战略对话（2024）安排了约一个星期的时间，包含 20 多场活动。

今天这场"上海经济金融战略座谈会",请与会嘉宾围绕上海、围绕中国改革开放的形势畅所欲言。后排还有很多来自上海各方的媒体,也希望他们能够畅所欲言。

今天的座谈会分为两部分内容:第一,邀请来自上海的四位官员和学者,依次从各自的角度向各位介绍他们的研究心得和所熟知的一些领域。第二,邀请各位专家畅所欲言,表达你们的看法和问题。希望大家能够提出更加尖锐、直率的问题,畅所欲言。今天不是官方的发言会,而是由中国人民大学作为中国一所顶尖大学主办的"学术活动",因此希望各位可以问任何想知道的问题。相信我们的专家都愿意回答。

第一位中方发言嘉宾,有请上海市发展和改革委员会副主任张忠伟先生。

张忠伟:上海对外开放、建设"五个中心"及区域一体化发展情况
上海市发展和改革委员会副主任

尊敬的各位嘉宾,大家上午好。

欢迎大家来到中国最大的经济中心城市——上海。非常荣幸有这个机会向各位嘉宾介绍上海的有关情况,很期待听到各位专家对上海未来发展的一些建议和意见。我今天主要分享三方面的内容。

第一,上海是一座开放包容的城市。上海的城市品格是"开放、创新、包容",因此吸引了众多的跨国公司来上海发展。截至 2024 年 6 月底,上海拥有外资企业 7.5 万家,累计认定跨国公司的地区总部达到了 985 家,其中大中华区以上的总部大概占 20%,比如苹果、西门子医疗都在上海设立了大中华区总部。霍尼韦尔、汉高都在上海设立了亚太区总部。同时,目前上海还有外资研发中心 575 家,比如迅达电梯、ABB 工程等都在上海设

立了外资研发中心。

多年来，上海致力于同各国的企业分享发展机遇，成为跨国公司投资中国的首选之地。比如特斯拉这家美国企业在上海建立了一个超级工厂，2019 年当年开工、当年投产、当年交付，我们称之为"特斯拉速度"。2023 年，特斯拉上海超级工厂新能源整车产量占特斯拉全球产量的一半，达到 51%，在上海生产了 95 万辆。同时，特斯拉 2024 年还开工了一个新的项目，叫"上海储能超级工厂"，预计 2025 年一季度该超级工厂正式运营。再比如迪士尼，上海迪士尼乐园在 2016 年 6 月正式开园，每年的游客量超过 1000 万人，2023 年迪士尼的游客量超过了 1300 万人。同时，这些年来迪士尼还在不断地扩大上海迪士尼度假区的投资，不断推出新的游乐项目。比如现在正在建设的全球首个"疯狂动物城"主题乐园。近期迪士尼宣布将新增"蜘蛛侠过山车"项目。

外资企业是上海经济发展的重要组成部分。现在外资企业创造了整个上海近 60% 的货物进出口额、40% 的工业产值、33.3% 的税收、25% 的GDP、20% 的就业。所以我们致力于为外商投资创造更好的营商环境。现在上海正在推进营商环境改革。2020 年 4 月制定实施了《上海市优化营商环境条例》，这是一部地方性法规。同时围绕外资在沪发展、中小企业的发展，我们推动了一揽子专项立法，包括《上海市外商投资条例》《上海市促进中小企业发展条例》等，这些都是以地方性立法的形式呈现，我们致力于打造稳定、透明、可预期的营商环境。让外资企业到上海来发展能够安心，能够专注于业务。

第二，上海建设"五个中心"的情况。加快建设上海国际经济中心、金融中心、贸易中心、航运中心、科技创新中心，是国家为上海制定的战略愿景，定位为国家战略，也是上海推动高质量发展的主攻方向。上海始终面向全球、面向未来，对标全球顶级城市，不断提升发展的质量和能级。上海一直在向国际先行城市学习，在 2015 年时我曾带一个学习考察团到纽约，看纽约 2040 年的城市规划，令人印象非常深刻。当时纽约的 2040 规划特别关注经济的活力、城市的韧性，让上海看到了很多未来发展的方向。

（一）国际经济中心方面，表现为综合实力持续提升，上海经济总量去年达到了 4.7 万亿元人民币，折合 6700 亿美元。我们已经超过了伦敦，在全球的城市当中排名第五。第一位是纽约，经济总量是 1.2 万亿美元；第二是东京，1 万亿美元；第三位是洛杉矶，接近 1 万亿美元；第四位是巴黎，7900 亿美元。上海在不断地提升自己的发展能级。

当然，从人均发展水平看，我们与世界最发达城市仍有很大差距。上海 2023 年人均生产总值是 2.83 万美元，纽约是 13 万美元，东京是 7.3 万美元。所以我们还有很长的路要走。通过经济繁荣促进民生福祉的改善，是我们努力的目标。

同时，上海的现代化产业体系框架已经基本形成。2023 年，战略性新兴产业占工业总产值的比重已经达到了 43.9%，产业结构正在不断优化。比如集成电路、生物医药、人工智能都是我们努力的方向。

（二）金融中心方面，市场规模在不断地扩大，伦敦金融城发布的最新一期全球金融指数排名中，上海居全球第六位，2023 年金融市场的交易总额再创新高，达到 3373 万亿元人民币，目前上海金融业增加值 8647 亿元人民币，占整个经济结构的 18.3%。上海已经集聚了证券、期货、贵金属等 15 个全国性的金融要素市场。同时，全球性人民币产品创新、交易、定价和清算中心的功能也在不断完善，跨境人民币业务的结算量保持全国领先。上海国际金融中心建设，是双向、开放式的，上海目前金融持牌机构一共有 1771 家，其中外资持牌机构占比超过 30%，达到了 548 家，外资机构持牌量非常大，他们看好上海的发展，也看好中国的发展。

（三）国际贸易中心，交易功能在持续提升。2023 年上海口岸货物贸易总额达到了 1.5 万亿美元，占全球的 3.6%，上海一个城市的货物贸易额占全球进出口总额的比重达 3.6%，充分体现了上海作为国际门户枢纽的城市功能，同时服务贸易的进出口总额也达到了 2600 亿美元，同比增长 4.2%。特别关注新型国际贸易机构的发展，新型贸易业务和机构是新的增长点。目前上海有离岸经贸业务的企业 577 家，国际分拨中心企业 100 家。

（四）国际航运中心的资源要素在加快集聚。2024 新华·波罗的海国际航运中心发展指数报告显示，上海排名第三，这是连续第四年排名第三。2024 年上海港集装箱吞吐量达到 4915 万标箱，连续 14 年保持世界第一。上海有浦东国际机场、虹桥国际机场两个国际机场，旅客吞吐量超过 1 亿人次。航运服务功能在不断完善，全球排名前 10 的班轮公司中有 5 家、全球排名前 10 的船舶管理机构、10 个国际船级社协会成员都在上海设立了区域性的总部或者分支机构。目前在推进的"沿海捎带"政策、国际航行船舶保税油气的加注等开放型政策，也让外资企业得到了实实在在的好处，比如马士基开展了沿海捎带业务。

（五）国际科创中心基本框架形成，但这仍是下一步的主攻方向。在世界知识产权组织 2024 年刚刚发布的科技创新集群排名中，上海和苏州集群位列全球第五。2023 年上海全社会研发经费支出占全市经济总量的比重达到了约 4.4%。我们有超过 2.4 万家高新技术企业，同时上海吸引高层次海外人才、引进外国人才的数量和质量，都位居全国第一。

我想告诉各位嘉宾的是，上海建设"五个中心"不是我们自己的内循环，我们要通过开放的方式张开臂膀、拥抱世界，让各国的企业都有参与的机会，这也为我们带来了赋能。我们都会用改革的办法去提供制度供给，让我们的发展环境更有吸引力和竞争力。

第三，上海正在会同苏浙皖三省推动长三角一体化的实施，这涉及区域的协调发展。从国际先行经验看，区域协同发展有利于促进区域要素的跨域流动，降低要素交易成本，提高区域的综合竞争力。我们也关注到，纽约、伦敦、巴黎和东京都有一个跨越行政辖区的都市圈。通过打破行政壁垒，中心城市不但带动了周边区域的发展，同时也实现了自身的发展。

我们认为这是一种空间溢价，推动长三角一体化发展就是为了得到这种空间溢价，让各方的发展更加均衡、区域协同性更强。下个月我也要带一个团到伦敦和巴黎去学习考察伦敦都市圈和巴黎都市圈的建设经验。我们在这方面还有很多地方要向先行城市学习。

长三角一体化被确立为国家战略，从2018年实施至今，已经推进了约五年时间。这五年里，长三角"三省一市"的经济总量，从2018年占中国的23.9%提升到了2024年占全国的24.4%，基本每年都会提升0.1个百分点，这是长三角地区对中国经济增长的贡献。

GDP超过1万亿元人民币的城市被定义为经济中心城市，它们可以发挥辐射带动作用。我们特别看重区域经济中心城市的发展，目前长三角地区一共有9个GDP超过1万亿元人民币的城市，中国一共有26个，长三角地区占了34.6%。

我想跟各位专家简要分享一下，目前正在做的推进长三角地区一体化的事情。

1. 加强区域规划的对接。国家层面出台了长三角一体化的规划。地方上每三年会制定出台一个三年行动计划，在前一阶段，出台了第三轮三年行动计划，一共是165项任务。

2. 推动基础设施的互联互通。我们致力于打造轨道上的长三角，截至2023年，长三角高铁的运营里程已经达到了710公里，比5年前提升了70%。从安徽的合肥到上海，10年前是3小时20分钟，3年前这个时间缩短到1小时52分，交通效率提升了40%以上。

3. 强化生态环境的治理。长三角的环境联保共治和绿色低碳发展，是我们特别关注的领域。2023年，长三角"三省一市"的空气质量平均优良天数达到83.7%。我们有594个地表水国控断面，优良率93.4%，$PM_{2.5}$的平均浓度是32微克/立方米，比2019年下降了22%。

4. 推进区域物流降本增效。区域物流有外部性，从更大的范围可以实现成本的降低。我们 2024 年专门制定了区域物流提质增效的方案，提出七大行动。

5.推进区域市场的一体化。2024 年制定出台了长三角区域市场一体化的工作行动方案，围绕基础制度规则的统一、高标准市场的设施连通、统一的要素市场，提出 18 项具体任务举措。

6.加强公共服务的便利共享。我们国家战略的实施最终一定要落到民生福祉的增进上。长三角目前已经实现了异地就医门诊费用的直接结算，真正实现"跨域无感"。一共有 2700 万人次享受到这种服务。另外，在长三角社会保障卡居民服务一卡通方面也进行了探索，到 2023 年底有 52 个居民服务事项实现了一卡通用。这是在长三角"三省一市"35.8 万平方公里的区域里实现要素流动、民生服务"跨域无感"。

时间有限，先介绍这些。谢谢大家聆听。

🎤　王文：谢谢张主任，下面有请上海市委金融办政策研究处处长谢善鸿先生。

谢善鸿：上海国际金融中心建设情况
上海市委金融办政策研究处处长

尊敬的各位嘉宾，大家上午好。

我先简单做一点补充。一是围绕上海国际金融中心建设方面，二是建设上海国际金融中心是我们国家的战略目标。

大家一定关注到，最近召开的二十届三中全会，再一次明确要加快建设上海国际金融中心。这一战略最早可追溯到邓小平同志，他当时提出，上海在 20 世纪 30 年代就是金融中心，我们还是要把它建设成金融中心，同时党的十四大也提出要建设金融中心。关于金融中心建设的一些成绩或现况，刚才张主任已经做了介绍，包括金融市场交易的规模和体量，目前都已经达到了世界前列，我这里不做过多介绍。

（一）上海作为金融中心最大的特点是金融市场比较集聚、门类比较多，这和其他地方有所区别。目前，上海拥有股票、债券、货币、外汇、商品期货、金融期货、黄金、保险、票据、信托等金融市场。同时，习近平总书记提出要建设现代金融强国，其中有 6 个核心关键要素，其中之一就是强大的国际金融中心。怎么理解强大的国际金融中心？它需要吸引全球投资者，同时能够影响全球定价体系。按照这个标准，近年来上海国际金融中心定价功能在增强。比如人民币汇率的指数、存贷款利率的基准价格，都是在上海形成的。我们这些年在期货、期权等衍生产品的发展上取得了一些成绩。

（二）开放方面，当前上海外资金融机构占比较高。无论是从"入世"以来，还是 2018 年习近平总书记在博鳌论坛宣布"新一轮金融开放"以来，中国的金融开放步伐较大，目前已经履行了"入世"承诺，同时外资股比、业务限制基本取消，基本和中资在一个平台上竞争。这是外资开放情况。

市场开放也在逐步推进，推出了一系列与境外市场互联互通的机制，比如沪港通、沪伦通、债券通、互换通，这是一种管道式的开放。下一步从管道式开放循序渐进地突破到平台式的开放，从而更加系统、更加全面地对外开放。

（三）在发展金融中心的过程中，特别强调金融和实体经济的关系，强调金融是为实体经济服务，经济是肌体，金融是血脉。推进五篇大文章：科技金融、绿色金融、数字金融、普惠金融、养老金融。在国际绿色金融方面与国际上有很多的交流与合作。

（四）强调推进金融中心法治化建设。8 月 22 日，新修订的《上海市推进国际金融中心建设条例》正式出台，早在 2009 年，这个条例就已出台，时隔 15 年后再次修订，是依据中央赋予上海的立法权限，并特别强调了对金融风险的化解。

接下来，我们将要制定上海国际金融中心"十五五"规划，希望通过接下来十几年的努力，争取到 2035 年、2050 年，金融中心能够取得更好的进展，能够为经济发展、金融强国建设作出更大的贡献。

我分享以上这些，期待进一步交流。

🎤 **王文**：谢谢，您刚才讲了上海相关金融情况，来之前就有国际嘉宾想问这个问题，希望您一会儿可以回答。第三位有请来自同济大学的特聘教授刘兴华先生。

刘兴华：中国实行金融高水平开放将会为不断深化国际金融合作创造新机遇
同济大学特聘教授

尊敬的各位专家，大家上午好。

在当前复杂的国际宏观经济环境、贸易摩擦、市场动荡、地缘政治格局变化的背景下，我认为，必须加强国际金融领域的合作，积极防范和化解金融领域的风险，因此我今天的发言主题是"中国实行金融高水平开放将会为不断深化国际金融合作创造新机遇"。

一个多月前，党的二十届三中全会提出"中国要积极深化金融体制改革，推进金融高水平开放"。中国金融领域的开放和改革不仅将对中国金融业产生重要影响，也将对国际经济、贸易、金融的稳定运行和完善全球经济治理体系发挥重要作用，主要体现在以下几个方面。

1.加快完善中国的中央银行制度，畅通货币政策传导机制，这将对全球金融市场稳定、促进国际贸易和投资产生积极影响。

2.中国将积极发展科技金融、绿色金融、普惠金融、养老金融、数字金融，这将为新一轮科技革命和产业变革背景下的国际投资者带来重大机遇。

3.中国将积极发展多元股权融资，加快多层次债券市场发展，提高直接融资比重，健全投资和融资相协调的资本市场功能。这将不仅有利于中国国内金融经济的平稳运行、引导金融资源合理高效配置，也将有利于中国与国际金融市场的合作。

4.加快建设上海国际金融中心，一周前上海市人大常委会通过了《上海市推进国际金融中心建设条例》，这是中国金融业稳步扩大开放，特别是金融领域制度型开放的一个重要举措，这将有利于更多外资机构来华展业兴业。

中国有关立法机构正在制定金融法，这是中国金融法治建设的重要步骤。将非常有利于构建中国金融领域市场化、法治化、国际一流的营商环境。在此背景下，国际金融合作存在许多空间和机遇，我认为主要体现在以下几个方面。

1.在宏观政策上，特别是货币政策方面的协调与合作。当前世界经济面临衰退风险，全球金融也存在动荡风险，特别是几个大的经济体之间保持正常的沟通交流，在此基础上开展有效的协调合作，可以在很大程度上减少不确定性，这对各国维护自身金融市场的稳定健康大有好处，对全球经济和金融稳定更是幸事。

2.尽快开展绿色金融领域的务实合作。在全球应对气候变化的大背景下，经济大国在推动绿色金融发展方面负有特殊责任。从经济收益方面来说，绿色金融发展空间也非常大，国际上各国相关企业有共同的呼声和需求。我认为各国应该顺应大势，积极开展绿色金融务实合作，进而推动绿色产业的合作。

3. 创新性地开展金融科技监管合作，从区块链到加密货币，从大数据到人工智能，从跨境电商数字贸易到数字货币，一系列新的技术、新的业态正在重塑金融业。金融科技飞速发展，正在给传统金融监管带来巨大的挑战。任何一个国家都不可能独自发展、独善其身，必须在推动技术进步、加快监管、防范和化解金融风险方面加强合作。

4. 在座还有很多美国朋友，中美双方应该在资本市场的监管方面秉持相互尊重、合作共赢的理念，为资本市场和各参与方营造良好的政策预期和制度环境。我认为还是要防止出现新的中概股监管政治化倾向。当然，对中国的证券市场而言，也要正视自身的差距，进一步统筹处理好投资者、企业、监管等各方面的关系，进一步提高政策措施的透明度和可预期性，使中美两国在证券发行和证券监管合作方面达成新的均衡合作状态。

最后，在座各位都是国际上知名的专家，请大家结合在中国的见闻，通过自己的专业研究，推动欧盟能够拿出足够的勇气和政治智慧，在《中欧全面投资协定》方面有所作为，因为这曾经是一个开创性的协定，当时双方都展现出极大的灵活性，而且中方已经承诺不仅在制造业，还在云计算、金融服务、新能源汽车等各个领域向外资开放。

谢谢，我就介绍到这里。

🎤　王文：谢谢。下面有请来自上海国际问题研究院的研究员、南亚研究中心的主任刘宗义先生。

刘宗义：全球南方和金砖国家合作

上海国际问题研究院研究员、南亚研究中心主任

首先感谢人大重阳金融研究院的邀请，让我参加这个会议。

今天我就全球南方和金砖国家合作发表一点看法。

最近两天在国际关系领域，全球南方是一个热词，它没有一个准确的定义，但可以肯定的是，它不包括美国等西方国家。全球南方是一个历史概念，在 20 世纪 60 年代出现，那个时候广大的发展中国家要求建立世界政治经济新秩序，中国也是其中的一员。因此，中国自这一概念出现之始便是全球南方的成员，与广大全球南方国家共同反对帝国主义和殖民主义。

衡量一个国家是不是全球南方成员，GDP 和经济发展水平只是一个指标，关键是要看该国家是不是真正站在发展中国家的立场，为广大全球南方国家谋求利益。虽然现在有一些美西方国家想通过建构理论、设定标准，将中国排除在全球南方之外，但这种企图是徒劳的。有个别的发展中国家想做全球南方的领袖，想通过喊喊口号、做做姿态，或者充当所谓全球南方的代言人，将全球南方的诉求传递给美西方，或者发挥所谓在全球南方和发达国家之间的桥梁作用，甚至乞求美西方支持其成为全球南方的领袖，以达到离间中国与全球南方关系的目的，这种企图也必定会失败。

中国和全球南方争取建立全球政治经济新秩序，途径之一是通过金砖国家和其他全球南方国家的南南合作来实现。金砖国家是全球南方国家的代表。2008 年国际金融危机爆发，2009 年中国、俄罗斯、印度、巴西在俄罗斯叶卡捷琳堡举行第一次金砖国家峰会。可以看到金砖国家建立的初衷，就是推动国际金融体系的改革。

在过去 15 年的发展过程中，金砖国家已经建立了政治安全、经济合作、人文交流三大支柱，在机制化方面取得了一定的进展，特别是建立了金砖国家新开发银行和金砖国家外汇储备库，金砖国家新开发银行的总部就在上海。2011 年，南非加入金砖机制，这是金砖国家首次扩员。2017 年在厦门金砖国家峰会上，中国提出"金砖+"的概念和"金砖+"合作机制。2023 年南非约翰内斯堡峰会上金砖国家成功扩员，现在金砖国家有 10 个成员国，后面还有 30 多个国家在排队加入。这些国家之间已经形成了非常好的资源禀赋互补机制。

2024 年金砖国家峰会将在俄罗斯的喀山举行，金砖国家和全球南方希望减少对美元的依赖，金砖国家之所以要推动这项工作主要有三方面的原因：1. 这些国家对 GDP 在全球市场的份额和在全球经济治理上的话语权失衡感到不满。2. 美国频繁地利用加息和降息手段收割广大发展中国家，使得这些国家苦不堪言。3. 金砖国家和其他全球南方国家对美国在俄乌冲突之后将美元武器化，对俄罗斯进行制裁感到担忧。金砖国家并不打算取代美元，但确实需要一种新的替代货币，或者是新的交易选择。另外，在一些地区热点问题上，比如说俄乌冲突、巴以冲突，金砖国家和美西方国家的观点也不同，他们会提出不同的解决方案。

我想金砖国家的影响力还会进一步增强，但是金砖国家并不想完全取代现有的国际秩序，而是希望为现有的全球秩序提供补充性和修补性的经济和外交的替代方案。

向大家分享这些。谢谢。

🎤　王文：谢谢刘宗义教授，现在进入第二环节，国际专家们有哪些问题或者点评，可以畅所欲言。第一位有请团长顾爱乐。

················ ◀◀ 国际战略学术界专家点评 ▶▶ ················

顾爱乐

欧洲亚洲事务研究所（EIAS）总裁

非常感谢邀请我们来参加这次会议，来到上海，我感到非常高兴。

我曾花了很多时间在中国各地游历，这是我第一次来到上海。这里的景象让我深刻地感受到上海经济的发展以及中国的进步。

我记得，早在 1996 年，我们的领导人就曾访问过上海，而我们的总理也多次访问中国。可以说，卢森堡是与上海合作的金融中心中最大的投资地之一，与上海有着广泛的合作关系。卢森堡非常欢迎中国的投资者以及欧洲的投资者。我们那里是金融中心，有众多银行和金融机构。

卢森堡对中国的公司以及金融机构进行了大量投资，许多中国主要的银行也在卢森堡设立了分支机构。卢森堡和中国有着悠久的合作历史。卢森堡作为欧洲的金融中心，上海作为国际金融中心，两者之间以及卢森堡与中国都有着紧密的历史往来和交流合作，尤其是在金融行业的合作方面，例如上海证券交易所与卢森堡证券交易所的合作。

欧洲与中国之间有着深厚的历史渊源和成功的合作经验。虽然欧盟有 27 个成员国，但从法律意义上讲，欧盟无法以一个国家的名义进行合作。不同成员国与中国的关系各不相同，处理方式也有所差异，但我们总能找到良好的解决方案，以巩固中欧关系。

刘宗义先生刚才讲到"南南合作"，中国也是一个发展中国家，中国的发展非常快，某种意义上已经不再是传统意义上的发展中国家。从我的角度来看，中国是发达国家中的一员，所以刘宗义先生能不能从这个角度跟我们分享一下您的看法。目前很多西方国家对中国是发展中国家还是发达国家有不同的看法。

比如说，我们帮助像中国这样的国家成为发达国家，是否有意义？因为中国在我们看来已经是发达国家。中国已经和西方国家一样发达，为什么西方这些国家要帮助中国变得更加发达呢？中国在发展上已经非常成熟，有些西方国家不能接受中国突然间成为发达国家，成为他们的竞争国。中国在非常短的时间内在经济发展上取得了非常大的成就，西方国家应该尊重中国的发展。

🎤　王文：从中国的角度，我们愿意永远成为发展中国家，我们跟世界上发达国家的差距还是有的，所以我们宁可认为自己仍然是在发展中。一会儿请刘宗义先生回答。下面有请来自乔治梅森大学的马克·罗泽尔先生发言。

马克·罗泽尔
美国乔治梅森大学政策与政府学院院长

感谢邀请我参加明德战略对话。2023 年 11 月我在北京见了不同大学的领导、同行等等。我们当时也谈到，怎样进一步在大学、学院层面进行国际交流。

这一次来到上海，我们双方进行了沉浸式的对话。我是美国人，是乔治梅森大学政策与政府学院的院长。乔治梅森大学位于弗吉尼亚州北部。我这次参会，最感兴趣的议题是大学、科研机构在区域发展中扮演什么角色。

我们当时在美国讨论过，大学、学院怎样才能成为经济发展的主要驱动力，以及怎样扮演更加重要的角色。大学是非常好的平台，能够帮助我们吸引更多的海外人才，使我们能够持续更好地吸纳到更多的国际学生。今天，我们已经看到有越来越多的海外学生加入进来。我个人更感兴趣的是，中国的这些大学在经济发展中扮演什么样的角色？这些大学和学院如何更好地设立相关园区、项目，让它们成为区域发展的门户？

🎤 王文：这正是这次活动的意义，我们作为人民大学的学者，非常愿意跟乔治梅森大学合作。第三位有请来自英国的罗思义。

罗思义
英国伦敦经济与商业政策署前署长

我参加这次访问的第一个目的，就是要进一步了解中国的真实情况。第二个目的是如何更好地和中方之外的部门进行交流。我个人之前在伦敦市政府从事相关政策的研究，我自己也在中国人民大学重阳金融研究院工作。

首先，我们需要更好地了解《华盛顿邮报》《金融时报》等外媒对中国的描述。我认为，这些媒体扮演着非常重要的角色，比如《金融时报》对中国的报道还是比较准确的，但是有时《华盛顿邮报》的报道也并不是很准确。所以不同的媒体对中国的描述不一样。

多年前，有些评判并不是那么标准、客观。但是此次行程，我希望能更进一步了解真实的信息、具体的事实。我之前与中国高级官员之间有过对话，我和上海也有渊源。我在伦敦也参加过一个相关的政府对话，这是一个由英国外交部召集的中方与英方的会谈。整个会议形式非常正式，上海的市长做了演讲，讲述了上海市与伦敦市之间的关系，这是一个非常官方的活动。表达了上海和伦敦之间的相互尊重，建立了坚实的合作基础和深厚的友谊。我在会议上讨论了版税、税务等议题，提出了一些具体的问题。我也很高兴能参与那样的会议。谢谢。

马吉特·莫尔娜
OECD 中国经济政策研究室主任

今天很荣幸跟大家交流。我第一次来上海是 1988 年。我很关注中国各方面对外开放的一些举措，张主任介绍了上海的状况，我想问一下，针对中共二十届三中全会提出的愿景，你们接下来打算开展什么样的新试点？刚刚说准备到巴黎去考察，有时间也欢迎到经合组织，我们可以请一些专家来为你们介绍其他国家的情况。

另外，我想问谢主任，因为我关注金融，特别是对外资的开放，尤其是在第三方支付和电子商务方面。上海在五年前开展了第三方支付的试点，这个试点有什么进展？是否扩展到其他地方了？因为外资企业进入中国从事电子商务，第三方支付是前提，如果第三方支付没有扩展到其他地方，外资企业也无法准入。请问这方面有没有新的进展？如果有机会，还是欢迎您到经合组织访问。

🎤 王文：马吉特在巴黎工作，是一位非常重要的经济学家，在欧洲也是非常有影响力的经济学家，研究中国 40 年，中文也特别好，也是中国人民大学的优秀毕业生。

白　轲
美国宾夕法尼亚州大学法学与国际事务学院教授

非常感谢来到这里，非常高兴见到这么多同仁。

我有几个问题想问一下，也想听到你们的回应。请问张忠伟先生，关于长三角一体化的发展，香港在珠江三角洲有一个发展的规划，请您谈谈长三角经济区和香港珠江经济发展区的合作，金融市场不同的支持，以及你们之间的合作，如果有一些竞争性的关系，这会是什么样的关系？

我对金融市场高质量的发展很感兴趣，想了解创新对高质量发展的重要性。在您的演讲中，我也听到您提出的一些方式和行之有效的办法。我有一个问题想请教刘宗义先生。在全球发展中，发展是非常重要的，我们也看到了发展的扩大。20 世纪 60 年代的发展和现在不一样，当时中国的声音并不是特别强大。请您在这方面给我们做进一步的讲解。

克劳斯·拉雷斯
美国威尔逊中心研究员、美国北卡罗来纳大学教授

很荣幸来到这里，我非常喜欢今天上午的展览，我看了一部非常有趣的 3D 电影。

第一点，关于经济，全球经济目前面临较大困难，包括中国和欧洲都存在一些挑战。美国的经济相对较好。现在最紧迫的事情是开展更多的经济合作。昨天我也听到很多介绍，目前我们正逐步加深合作。杰克·沙利文在昨天和前天访问中的谈话，我认为方向是正确的，这是一种接触和克服困难的方式，旨在确保关系不会失控，但这种交流应确保是常规而不是

例外。此外，人文交流也应该进一步发展。昨天我听说只有 1000 名美国留学生在中国，这个数字低得离谱，应该至少有 1 万或者 2 万学生。现在在美国的中国留学生数量远远超过这个数字，所以我希望能加强全球交流。

第二点，关于全球南方，我也需要说几句。恕我直言，我真的不明白像中国这样的世界第二大经济强国和地缘政治大国是如何被视为发展中国家的。这在 10 年或 20 年前是正确的，但现在不是了。欧洲和中国必须加强合作，包括与南非等非洲国家和地区要有更大的合作，应该制定更多有利于合作的政策。我们一直在期待更好的合作。

第三点，关于欧洲的角色，欧洲应该扮演中国和美国之间的桥梁角色，以前扮演过，有好的成果，也有不好的方面。中欧之间也有一些困难，我们需要解决这些问题。欧盟的一些政策需要重新考虑，以便进一步改善，避免失去双方之间的信任。他们希望中国与俄罗斯的关系不要过于密切，能有所冷却。欧洲以外的国家并没有完全认识到俄罗斯和乌克兰之间的冲突，我并没有谈及致命武器。中国与俄罗斯的经济关系相对紧密，这对中国与欧洲之间的关系并不是特别有利。

当一个国家帮助另外一个国家发展，比如在 70 年代、80 年代美国帮助中国发展，使其变得更加强大，就像老师和学生之间的关系。在 50 年代、60 年代，美国也帮助欧洲大陆发展。然而，后来双方又是竞争关系。美国不希望看到竞争，美国和日本在 80 年代也是类似的关系。一个国家帮助另外一个国家，使其变好之后，接受帮助的国家变成了它的竞争对手，这是美国不想看到的。现在我看到中国和很多国家之间的贸易关系也是类似的情况，这是比较自然的现象。包括美国和欧洲之间也是这种关系。

这是我的见解。

🎤　王文：美国学生数量在 2016 年、2017 年达到最高峰，当时在中国有 2 万多名美国学生。这之后，美国学生在中国的数量就不断减少。据我所知，最低的时候在 2022 年，大约只有 300 人。现在有 1000 人，我认为这个数字仍在增长。未来两到三年内，这个数字还会更高。现在习近平主席与拜登总统达成了在未来五年内欢迎 5 万多名美国青少年到中国来的协定，我对此持乐观态度。

保罗·法拉赫
美国西弗吉尼亚大学公共管理与公共政策终身教授

非常感谢主办方邀请我们来到这里。

我第一次来中国是在 2000 年，从那以后我也经常来中国，和中国在很多方面进行合作。

我想做一些评论，我以前是律师，专注于公共政策和公共管理，在投资、贸易、能源等领域都有所涉及。很高兴听到刘兴华先生讲了许多有趣的内容。张忠伟副主任提到西方公司在中国投资的情况。虽然我是一名在美国的教授，但我来自欧洲，所以我想谈谈欧洲的情况。

真实的情况是，欧盟有很多发展，其中涵盖美国的元素会少一些。从中国的角度看，未来的发展情况和趋势会怎么样呢？邓小平先生之前谈到中国的政策时，特别提到上海是中国开放的窗口、门户，也说到股权、股票等内容。我花了很多时间研究全球南方和全球北方的角色。这并不是南方与北方的问题，而是全球性的课题。中国希望扮演领导角色，例如在《巴黎协定》中积极参与，中国也非常关注生态文明建设。官方文件中也涉及生态文明和人权保护等内容。从全球角度看，中国已经展示了多方面的治理方式。

俄罗斯和乌克兰的冲突对欧洲有很大的影响。从 2035 年开始可能会出现许多问题，西欧、中欧、波兰、捷克等国家并不希望发生这些冲突。欧盟有 27 个国家，这些国家对俄罗斯与乌克兰的冲突有各自的看法。因此，中欧国家和西欧国家在俄乌冲突中将扮演更加重要的角色。中国也可以从中欧的发展角度出发，进行更好的协调。中国与中欧可以扮演同样的角色，这也是一个非常好的机会，我们可以相互学习。

以上是我的分享，谢谢大家。

杰弗里·格雷许
美国国防大学国际关系教授

非常荣幸来到这里，有机会参与明德战略对话。我们并不代表美国政府。我想聚焦一个问题：关于现代化的对话、更加开放的对话。

第一个问题，从美国的角度更多看到，在"一带一路"倡议方面，中国政府过去有很多侧重。如何更好地将"一带一路"倡议融入改革开放的中国？

第二个问题，气候变化。我想了解中国在碳中和、气候变化方面有哪些具体的举措。

第三个问题，关于航运，上海的航运和国际海洋协会等有关减碳的目标。我非常好奇在航运减碳方面有没有什么具体的举措和做法。

🎤 王文：我们请张先生、谢先生和刘教授简要做回答。

张忠伟
上海市发展和改革委员会副主任

我先回答白轲先生的问题，关于长三角一体化和粤港澳创新发展。这两个战略既有相同点也有不同之处。

长三角主要的关键词是"一体化"，因为它涵盖了中国的四个省份，不存在制度性的障碍，因此要素流动会更加充分。在粤港澳和长三角之间，特别关注几个共同的领域，比如基础设施的互联互通、高铁和高速公路网络的加密，以及跨流域生态环境的治理，以促进绿色发展，优化产业链和供应链。这些都是应有之义，产业链和供应链的优化以市场为主，旨在为他们提供更好的营商环境。不同的地方，如粤港澳，我们充分尊重香港和澳门的现有制度，因为是不同的制度，三个地区三种制度。粤港澳做了很多探索，比如横琴，广东省和澳门做了更深入的制度性安排和对接。比如前海，深圳市和香港做了更多的制度性安排，引入香港的专业服务业。但是最基本的是尊重它们的制度做开放性的探索。

杰弗里·格雷许先生问到气候变化和航运。我简要做回应。

气候变化方面，中国有一个"3060"目标，即 2030 年前碳达峰，2060 年前要实现碳中和，我们已经在国家层面制定了相关的行动方案。上海有一个总体性的路线图和工作安排，叫"上海碳达峰行动方案"，明确要在众多的领域推进碳达峰和绿色发展，尤其是"十四五"期间，有两个约束性指标：第一是能耗总量的控制，希望更好地利用效率；第二是关于碳排放的指标，作为约束性指标考核地方官员，以倒逼的方式推进产业结构优化。

从目前进展情况来看，上海这些指标完成得都不错，更多使用清洁能源，淘汰高能耗、高排放的企业，让整个区域变得更绿色。同时成立了碳排放交易所——上海环境能源交易所，作为一个区域性交易的平台，能够创造一种市场化的机制进行减碳。预计到"十五五"期间，碳排放的指标仍将作为约束性指标，以实现 2030 年第一步承诺。

关于航运的减碳，这一点非常重要，两个关键词：一是清洁化，为靠港的运输船舶提供岸电；二是绿色化发展，目前也在推进燃料加注，促进船舶的绿色化。

谢善鸿

上海市委金融办政策研究处处长

二十届三中全会关于金融改革有全面的部署，细节不多说，涉及管理体制、市场开放。

上海市委最近召开的十三届五次全会对体系化地推进金融中心建设有全面的部署，提出了一系列的重大改革举措，都在计划当中。但也要客观地看待时机和内外部环境，如何促进资金的平衡。市场的开放是双向的，如果不能保持平衡，开放也不一定会取得预期的效果。在坚定不移的推进过程中，我们也在制定一系列的文件。

关于跨境支持，我不是特别确定。2018 年，人民银行出台了跨境支付开放的有关办法，有没有最新的进展，我不太确定。会后我和央行的同事了解一下，给一个比较确定的答复。

最后回应两个方面：第一，可以跟卢森堡等不同的国家加强合作，非常好，我们在下一步工作中也会更加关注。第二，罗思义先生提到，境外对我们的报道不是特别全面、客观。我经常看英国的杂志《经济学人》，有同感，进一步加强交流非常有必要。

简单回应以上内容。

刘宗义
上海国际问题研究院研究员、南亚研究中心主任

刚才顾爱乐先生、白轲先生和克劳斯·拉雷斯先生都提到全球南方的问题。

中国从历史上就是全球南方的成员，一贯的立场是永远站在发展中国家的角度看问题、解决问题。

首先，中国是一个多样性非常强的国家，中国幅员辽阔，你们所看到的是最发达的地区，但是我们的中西部还有很多地区非常落后。我老家在山东，按说应该是经济发达的地区，但是我的老家还是比较落后。所以存在发展不均衡的问题。

我们中国和世界发达国家还有很多差距，比如说治理方面，有很多方面治理水平远远达不到发达国家的水平。

现在看到关于全球南方的定义，全球南方也是最近几年才被炒热，为什么美西方炒热全球南方的概念呢？我觉得是有目的的。对一个国家的定位，有其他国家给的定位，我们也有自我定位。我们自我定位中国就是一个发展中国家。从其他国家的定义来看，认为中国 GDP 世界第二，中国有 14 亿人，印度的 GDP 是世界第五，印度也有 14 亿人，从经济总量来说，印度的经济总量也非常大。中国和印度的定位不一样，我们一直定位为一个发展中国家，但印度自我定位为西南方国家，既是西方国家，政治制度上认为是西方国家，同时地位上认为是南方国家，就像蝙蝠，既非鸟也非兽。

确切地说，中国是一个新兴经济体（New EMDs），与老的 EMDs 不同。作为新兴经济体，我们仍然是发展中国家的一员。我在 2008 年曾在经济合作与发展组织（OECD）海利根达姆秘书处工作三个月。设立"G8+5"，就是把中国、俄罗斯、印度这些国家作为"他者"定义。现在重新炒作全球南方的

概念，把中国作为"他者"，意在排除中国，特别在地缘政治上非常明显。

白轲先生讲的发展，确实20世纪60、70年代的发展和今天不一样，今天中国强调发展，更强调可持续发展，我们在金砖国家内部强调要实现《2030联合国可持续发展议程》，这是我们非常重要的一个目标。现在越来越多的国家加入金砖国家，他们把中国作为学习和效仿的对象。中国在金砖国家中当仁不让地成为一个领导性国家，但在议题方面充当领导，并不是绝对的领导者。

发展中国家最缺乏的可能就是基础设施建设，以及社会民生水平的提升。所以我们提出的共建"一带一路"倡议对这些国家非常有意义，在金砖国家内部，我们也将共建"一带一路"倡议的实施作为重点之一。

我们希望能和西方国家进行更好的合作，但在过去10年，共建"一带一路"倡议的推进受到地缘政治的严重干扰。不仅有大的地缘政治紧张局势的影响，还有很多国家在中国重点共建"一带一路"国家进行破坏，比如巴基斯坦，中巴建设面临着严重的恐怖主义威胁。我们清楚地知道，这些恐怖主义的支持者来自外部力量，比如印度及其他国家。我们希望与美国等西方国家进行密切良好的合作。例如，在2023年南非约翰内斯堡峰会上，法国总统马克龙提出要参加峰会，我们非常欢迎，并与中央外办的同事进行了交流，希望俄罗斯能够允许马克龙参加，但俄罗斯对此表示反对。

中俄关系我讲三点。

1.中国和俄罗斯在国际地缘政治方面面临共同的威胁，有很多中国学者的判断，西方对于俄罗斯和中国的态度是先针对俄罗斯再针对中国，如果把俄罗斯打倒下一个就是中国。俄乌冲突就是一场"代理人"战争，受损最大的是欧洲。

2.中国和俄罗斯现在的合作，主要限于政治、战略和经济层面，我们没有向俄罗斯提供武器，中俄之间没有武器交易。特别在俄乌冲突紧张的背景下，中国没有向俄罗斯提供任何武器。话说回来，如果中国向俄罗斯提供武器的话，俄乌冲突早就结束了，凭中国的武器供应能力，俄罗斯用不了这么长时间打乌克兰。

3. 中国和俄罗斯进行正常的经济贸易，同时印度也在和俄罗斯进行经济贸易，特别是石油方面，印度从俄罗斯购买石油，从 2020 年年初占进口石油的 2%，现在占印度进口石油的 40%。这一增长被美国和西方基本忽视，最多只是说两句，因为西方，特别是美国需要印度来遏制中国。我们对俄乌冲突的态度一直是劝和促谈。在这方面，我们希望与欧洲合作，促进俄乌冲突的和平解决。

🎤 王文：关于发展中国家我有一个体验，中国真的是发展中国家，这次我原来想安排各位到中国中西部一些相对落后的地方看一下，因为上海是中国较为发达的地方。

我认识很多中西部城市的市长、县长，他们都不敢接待各位。他们说，我们这里太穷了，不好意思让欧美国家的专家看到。所以，不要把中国视为发达国家，中国很好客，中国文化总是喜欢把最好的展示给大家看，但不要误认为上海就是整个中国。上海当然是中国发展较好的一部分，我们还有更多发展中的地方，还有欠发达的地方，我们希望发展得更好，所以中国是发展中国家，中国也希望在发展的道路上不断前进。

我也是一名国际关系与全球治理的学者。作为一个嘉宾，而不是主持人，我有几个问题想回答一下。

刚才有三位学者讲到，美国、欧洲都在帮助中国。的确，过去 40 多年的改革开放，美国、欧洲都帮助过中国，中国对此非常感激。中国是一个感恩的民族，永远不会忘记改革开放以来，美国、欧洲对中国的投资，为中国社会和经济发展提供的帮助。

另外，帮助也是相互的。在很多中国人看来，中国也帮助了美国、欧洲，也帮助了世界。我们为世界提供了物美价廉的商品，提供了很多公共产品，也为世界提供了和平与稳定。

如果现在的中国仍然是45年前、改革开放之前贫穷的中国，那将是世界的灾难。如果现在中国仍然是"文化大革命"时候的中国，世界将会是什么样子？所以中国的富强是世界的"福音"，我们也帮助了世界。所以这种帮助是相互的，我们应该相互感激、相互帮助。

中国无意成为美国和欧洲的竞争对手，我们的领导人从来不说中国是美国的竞争对手，也从来不说中国是欧洲的竞争对手。美国的领导人，包括多届总统和国务卿，经常批评中国。然而，中国的高层领导人，包括国家主席和国务院总理，从来没有在公开场合批评过美国或欧洲。这并不是因为我们内心觉得不值得批评，而是为了保持克制。我们不希望激化中美和中欧之间的矛盾，保持一种克制。这说明中国希望尽可能缓和中美之间的关系，这是中国文化决定的。

至于中国当下的供应链和高科技领域，我们的确越来越有竞争力，这种竞争力首先是市场竞争自然的结果，中国人很努力，中国的科学家们、中国的官员们、中国的企业家们都很努力。是努力换来了中国的产品、工厂变得越来越有竞争力。这也是市场化自然的结果。

我非常同意刚才国际学者说的，希望在竞争合作中获得更多的合作，尤其是第三方的合作，这是中国所希望的，比如共建"一带一路"倡议，我们也不排斥中国与美国和欧洲的合作，今天就是一个很好的合作范例。

🎤 新华社记者：我是来自新华社的记者，我想问克劳斯·拉雷斯先生，说到中美竞争，我有两个问题：美国总统候选人表示不希望中国赢得21世纪的竞争，您如何看待中国和美国之间的关系？目前沙利文先生正在中国访问，谁将是下一任国务卿？

克劳斯·拉雷斯
美国威尔逊中心研究员、美国北卡罗来纳大学教授

非常感谢您的问题。

竞争是一个非常自然的概念，之前我谈过，竞争并不是坏事，国家之间的竞争也是自然的事情。美国和中国在任何领域都想成为领导者，这是非常自然的。重要的是不要让竞争失去控制。沙利文最近访问了中国，可以让两国之间有更好的交流，让竞争处于受控状态。我们不仅要关注竞争本身，还要看到适用于中美两国的其他方面。

对于欧洲和中国，也存在一些竞争情况，在贸易、投资等方面也有竞争。此外，欧洲和美国之间也存在一些不同的意见，因此竞争并不是坏事，即使在竞争中也可以进行合作。在哈里斯的演讲中，她作为总统候选人表达了希望美国保持强大力量的自然想法。中国作为世界上的一支重要力量，也希望在国际舞台上占据良好的位置，而英国则位列第三。这些大国都希望在全球范围内保持自己的地位，这些想法都是非常自然的，我对此并不担心。

哈里斯表达了一些比较敏感的担忧，提出应该通过相互的联络、交流和改变来应对未来的挑战。如果哈里斯成为总统，我们将看到更多的竞争。因此，重要的是需要管控竞争，而不是害怕竞争，这种现象也是自然而然的。

我们对哈里斯的了解也不是特别深入。欧洲和中国有很多专家，我们会谨慎观察下一届政府的人员构成。沙利文仍然有机会成为国务卿，但还有许多问题我们尚不确定。

明德战略对话在温州：
如何加快培育发展新质生产力

时间

2024 年 9 月 2 日（星期一）9:30—12:40

地点

温州商学院博闻厅

　　9月2日，欧美学术团参加第三届 WZBC 温商论坛，主题为"加快培育发展新质生产力与中国式现代化"。

　　王文：尊敬的各位嘉宾，女士们、先生们，大家上午好！非常欢迎大家再次莅临温州商学院。温州商学院是我们中国人民大学重阳金融研究院的老朋友，也是合作伙伴。温商论坛已举办三届，我也参加了三届。所以我今天越俎代庖地来主持第三届温商论坛。这一次我们借着第三届温商论坛的平台，又邀请了9位来自美国、欧洲的知名战略界专家。这次来到温州实际上是一个更大活动的重要环节，我们称之为明德战略对话。明德战略对话已经到了第三站，过去三天专家们分别前往上海、义乌，第三站来到温州，今天下午他们将飞往北京，参加明德战略对话的高潮环节，相关中央部门的负责同志也将与各位专家进行更深入的沟通和交流。

　　过去三天，专家们体验了大量中国新时代以来的改革开放成果。在上海，他们参观了浦东改革开放成果展，并与上海发改委、金融界、国际研究界的专家们进行交流，还调研了上海进口博览会。在义乌，他们的调研

更加深入，参观了义乌的夜市、商贸城和新农村，还走访了一些民营企业。昨晚，这些嘉宾抵达温州，今天又来到温州商学院。我刚才一路上跟这些来自美国和欧洲的朋友讲，温州商学院是中国最好的民办大学之一。我之所以不断推荐这些欧洲和美国的专家们来温州商学院，是希望他们了解中国的民办经济和民营经济仍然蓬勃发展且繁荣。温州商学院就是民营经济发展的一项重要成果。

在正式进入论坛之前，请允许我介绍一下今天到场的各位来自美国和欧洲的专家，他们分别是：

欧洲亚洲事务研究所总裁顾爱乐先生，顾爱乐先生是研究国际问题、欧洲问题、宏观政策问题的重要专家。

美国乔治梅森大学政策与政府学院院长马克·罗泽尔教授，马克·罗泽尔教授在美国是一位非常重要的政治学家。

英国伦敦经济与商业政策署的原署长罗思义教授，罗思义教授是非常知名、享誉世界的经济学家，在中国也有很大的影响力。

美国宾夕法尼亚州立大学法学与国际事务白轲教授，白轲教授也是在美国非常知名的国际法与政治学专家。

美国威尔逊中心全球欧洲与基辛格美中关系研究所研究员克劳斯·拉雷斯，克劳斯在美国也是一位重要的智库学者，有非常大的政策影响力。

经济合作与发展组织（OECD）的中国经济政策研究室主任马吉特·莫尔娜女士，她在OECD工作了20多年，在欧洲是顶级的中国经济问题专家，她也是我们中国人民大学的优秀毕业生，30多年前她在中国人民大学读本科，所以她的普通话非常标准。

全球中国研究网络的创始人、美国"中国全球战略研究所"主任图格鲁·凯斯金先生。他创办了全球研究中国网络，对于全世界尤其是发达国家研究中国网络的建立，他有着非常重要的学术贡献。

美国西弗吉尼亚大学公共管理与公共政策系保罗·法拉赫教授，法拉赫教授对中国很有感情，多年来一直在研究中国，也是非常有影响力的一位教授。

美国国防大学国际关系教授杰弗里·格雷许，他多年来一直专注于全球安全问题，也写过很多本关于中国安全问题的著作，对全球的安全形势有非常大的影响力和造诣，一直以来他也一直关注着中国。

刚才的9位来自美国和欧洲的专家，都是全球战略界的重要人士。接下来我们有请温州商学院执行校长、党委副书记赵玻教授致辞，有请赵校长！

赵玻：第三届温商论坛开幕致辞
温州商学院执行校长、党委副书记

各位领导、嘉宾、媒体朋友、商会朋友们、老师们、同学们，大家上午好！

在这金秋送爽、硕果累累的季节里，我们齐聚一堂，共同迎来本次盛大的国际会议。我谨代表学校创始人、董事长张汉鸣先生和全体师生，对远道而来的各位领导、各位嘉宾、商会会长朋友们、兄弟院校的同人和媒体朋友们表示热烈的欢迎！对大家一直以来的关心和支持表示衷心的感谢！

温州商学院视人才培养质量为生命，坚持"培养国家最优秀的纳税人"的办学使命，致力于培养"具有坚定的中国特色社会主义理想信念和社会责任感，诚实守信；具备开放性思维与国际视野，专业基础扎实，创新创业创富能力强；适应温州地方社会经济发展和中国民营经济'两个健康'发展的高素质应用型人才"。我们深信，教育不仅仅是知识传授和技能训练，更是心灵滋养与品德塑造。我们丰富"两个天下，两个校园"的文化滋养，即"商行天下，梦筑校园；善行天下，爱满校园"，不仅强调培养学生的专业素养和创新创业创富能力，更注重培养学生的社会责任感和道德品质。

我们传承和弘扬温商精神，将"敢为人先，特别能创业"的精神融入特色定位、人才培养和学校文化；我们坚持"最优服务学生"的办学理念，始终把学生的需求和发展放在首位，通过提供优质的教育资源、个性化的学习支持和全面的成长服务，助力学生全面发展和实现梦想；我们坚持"专业教育、创业教育、升学教育三轮驱动"的育人模式，旨在全面提升学生的综合素质和竞争力，以适应社会发展的多元化需求；我们坚持校本教育与海外教育有机衔接，深度融合，着力培养学生学术能力、心理能力和文化能力，致力于培养更多高素质的国际化新温商。

2024 年 7 月 18 日，中共中央二十届三中全会召开，形成了《中共中央关于进一步全面深化改革、推进中国式现代化的决定》。习近平总书记在报告中强调："教育、科技、人才是中国式现代化的基础性、战略性支撑。我们必须深入实施科教兴国战略、人才强国战略和创新驱动发展战略，统筹推进教育科技人才体制机制一体改革，健全新型举国体制，提升国家创新体系整体效能。"

我校积极贯彻落实习近平总书记重要讲话精神，充分发挥民办体制机制优势，聚焦"五融通、三高地"发展布局，实施五大工程，推进教育、科技、人才一体化建设。我们不断探索和完善产学研创深度融通体制机制，加强与政府、企业合作，建立了数智创业产业学院、专精特新产业学院、数智金融产业学院、智能会计产业学院等，促进科技成果的应用和转化，提升区域的科技创新能力。我们积极助力民营经济"两个健康"发展，先后与温州市委、市政府有关部门共建了区域经济与民营资本研究中心、温州市"一带一路"研究中心、温州市"两个健康"研究院、温商研究院等科研平台，积极开展智库研究，为区域发展建言献策。我们不断完善开放办学体制机制，强化与政界、学界、商界、媒体界的交流合作，拓宽学校师生的视野，推动学校的创新发展。我们不断加强与国外优质教育资源的合作，开展了众多国际化项目，让我们的学生到全球知名高校深造学习，将他们培养成为高素质的国际化新温商。

今天，我们围绕"加快培育发展新质生产力与中国式现代化"举办第三届温商论坛。诚邀全球知名专家学者和本土精英齐聚温州，旨在探讨在全球化背景下，如何以新质生产力的培育为引擎，推动中国式现代化的进程。希望借助温商论坛这个交流平台，汇聚全球专家学者的远见卓识，共同为中国经济高质量发展贡献宝贵的智慧与力量。

最后，预祝本次论坛取得圆满成功。

祝愿各位来宾身体健康、工作顺利、阖家幸福！

谢谢大家！

🎤 王文：谢谢赵校长！刚才赵校长讲述了很多关于温商院的相关情况。我也补充几点。我多次来过温商院，作为一所民办大学，温商院非常国际化，每年有超过1000名学生前往国外攻读硕士学位。昨天，我见到了他们的董事长张汉鸣先生，他提到未来的目标是每年培养4000名本科生出国留学，尤其是前往欧洲和美国。因此，今天恰好有很多美国专家在场，大家可以分享对美国、欧洲以及中美、中欧合作的看法。

每位嘉宾将有大约5分钟的发言时间，分享他们的体验，谈谈对中国的看法以及他们所熟知的内容。我有一个临时建议，今天的专家们能够到场非常不易，现场有300多位学生和相关老师、教授。如果大家有问题，可以举手提问，每位专家可以回答一个问题。我相信各位专家也非常乐意回答大家的问题。接下来有请赵校长继续主持。

🎤 赵玻：我们今天上午的议程进入第二阶段——主题演讲阶段。演讲的主题是"全球局势与中国式现代化"，有请欧洲亚洲事务研究所（EIAS）总裁顾爱乐先生演讲，有请！

顾爱乐：指责中国？欧盟不能过于天真
欧洲亚洲事务研究所（EIAS）总裁

女士们、先生们，尊敬的同事们、朋友们，非常开心能够受邀来到温州。我叫顾爱乐，是欧洲亚洲事务研究所总裁，常驻比利时布鲁塞尔。我们的组织成立于 1985 年，主要研究欧洲和亚洲的关系与相关事务，聚焦中国和中亚。

我第一次来到中国是 1978 年，见证、观察到了中国经济的崛起。在短短的时间内，中国经济飞速发展，经济、政治和社会层面上的成功其实都超越了所有人的预期。在比利时和欧洲，温州这个地方早已为人所知，因为许多中餐馆一直以来都是由温商经营和管理的。这非常有趣。现在，我们看到温商在欧洲迎来了第二次高潮，这次他们更多地追求学术成就和创业成就，包括在科技创新方面。

我这一次来到这所学院参观，有非常多的感受。这个学校和全球很多国家都有着合作，但是跟欧洲的交流比较少，尤其是比利时。我也想在这个地方热烈地欢迎温州商学院和欧盟、比利时建立更深的合作关系，包括学术合作和高校合作。

作为经济学者，我们观察到许多学习经济的学生开始关注欧盟与中国的关系，并将其作为未来的研究方向。尽管欧盟与中国的关系有着悠久的历史渊源，我们应秉持长期主义来发展这一关系。我们不应仅关注眼前的政治角度和立场，而应放眼长远。尽管当前我们面临一些政治挑战，尤其是来自欧盟的压力，但我们需要许多学者的努力来解决这些问题。欧盟一项关于 CSDDD 的新指令，也就是关于可持续发展的指令，在 2024 年 7 月 14 日生效。这项指令要求公司在经营和合作中涵盖全球供应链的可持续性，影响深远。如今，全球一体化使得公司在全球范围内开展业务时，收集来自各方的信息变得极为困难。这项新规更多地聚焦于环境和劳工法，尤其是对欧盟内部和外部的影响。我们也观察和发现，不仅是欧盟，还有很多西方国家，他们有很多劳动密集型行业或者是需要大量劳工的行业、污染比较大的行业，都外包给了别的发展中国家，包括中国。虽然欧盟指责中国是全球主要的污染国之一，但这种指责并不全面，因为许多高污染行业实际上是由欧盟公司外包出去的。因此，欧盟在这方面不能过于天真。

所以我们做的很多研究就是聚焦这样的一些指令和一些劳工的条件。这样的指令规定了公司一定要提供一些背景调查，并遵循欧盟法律框架下的标准，包括增强客户信任、对员工的承诺、风险管理、提高韧性、增强竞争力，以及更好地支持供应链上的合作伙伴。同时，这些指令还旨在完善国际标准的遵从程度，提高可持续性。这个新条例适用于所有的欧盟公司以及在欧洲开展业务的公司，公司员工只要超过 1000 人都必须遵从这样的条例，基本上有超过 7000 家公司受制于这个条例的要求，虽然中小型企业似乎不受直接限制，但由于它们在供应链中的重要性，实际上也受到影响。该条例将于 2029 年 7 月 26 日全面实施，主要在欧盟单一市场推广，以进一步提升公司在该市场的竞争力和可持续性，同时满足全球市场对环境和劳工的强制性要求。我想说他们的出发点看似冠冕堂皇，看似非常崇高，但其中有非常多的限制和要求，包括企业要履行可持续性的义务，其中一个核心词就是"合规"。从原则上看，这项指令似乎非常高尚，但实际上对供应链中的中小型企业来说，将是一场噩梦。中国有许多小企业和小作坊，它们在整个供应链网络中扮演着重要角色，因为许多公司会将业务外包给这些小企业。

欧盟之所以出台这个指令，背后的深层次原因，学术界也在不断地探讨。我们希望能为中国和欧盟的决策者提供一些建议，以避免这一指令对我们的贸易和行业产生过大影响。但是它其实可能会导致很大一部分在欧盟经商的跨国公司，尤其是很大一部分美国公司迁走。大公司一直以来在全球开展业务的方式就是从中小型企业手上抢夺市场。这些大公司、跨国企业有自己的合规部门，他们非常清楚如何满足各种各样的条例或者法规，但是对于中小型企业或者小作坊来说，他们不了解这些指令。这些指令带来的很大问题之一，就是在合约、外包或者执行层面上的问题，它会增加非常多冗余的官僚程序，为了满足合规带来很多流程。实际上，这些指令更多地涉及如何报告和满足各层级的流程。因此，从这个意义上看，大公司更具优势。根据我的观察，合规性行业在欧盟经济中不断发展壮大，尤其是在金融行业，需要满足大量合规性条例。

所以中国必须要做好准备迎接新的欧盟指令，我们需要拿出不同的方式。其中一个方式就是主动参与跟指令相关的一切事务，但这样肯定会适得其反。另外一个迎接指令的方式就是出台类似的条例对标欧盟的指令，这意味着我们也加入这个举措的阵营当中，并采用欧盟的一系列原则，以实现双向合作。因为欧盟本身也面临许多问题，这样可以增进中欧双边关系，借此举措获得更多的利好。

以上就是我的分享，谢谢！

🎤 赵玻：刚才顾爱乐在中国和欧盟政府框架内探讨了供应链的稳定，尤其是欧盟的社会责任标准和劳工标准对中国外贸可能造成的影响。今天我们正好请到了我们温州在欧洲的一些商会会长，我想大家对这个问题认识会更深刻一点。同时，在二十届三中全会中关于七个领域的讨论中，有一部分专门提到了生态环境和外贸转型，这方面内容实际上是有很大篇幅的。我相信大家也有一定的见解。再次用热烈的掌声感谢顾爱乐先生的精彩演讲！

接下来有请第二位学者——美国乔治梅森大学政策与政府学院院长马克·罗泽尔演讲，大家欢迎！

马克·罗泽尔：中美人文交流至关重要

美国乔治梅森大学政策与政府学院院长

大家早上好，我是马克·罗泽尔，我来自美国乔治梅森大学，担任政策与政府学院院长，我们这个学院位于弗吉尼亚南部，实际上也处于华盛顿地区。我首先想说我不是一名企业家，也不是一名经济学家。我来到这里，觉得论坛的主题不应仅仅局限于我自己的学术研究，因为我的研究非常聚焦于美国政府和美国政策。所以我非常高兴能被邀请来到这里，能够结识一些新朋友、新同事，建立一些新的合作关系，这就是我来到这里的意义。我是学院的院长，学院有150名学生，我也看到很多发展的机遇。我今天想要分享的就是大学在这个过程中所扮演的角色，在整个现代化进程中所扮演的角色。

我的大学提供一系列的商业以及博士项目，非常有意思，能让那些想在美国学习的学生加入、了解并感受近期的发展。有一个研究生项目叫作"全球政策"，实际上也是一个专业项目，会有大量的国际学生加入这个项目。我们非常高兴能够欢迎我们的学生来到这里，帮助他们在经济政策中取得更好的发展。

我们大概有 40% 的学生是国际学生，这一比例相当高。实际上，这是一个非常好的现象，我们和其他一些大学有非常紧密的合作。我们能够和中国的一些学者以及奖学金委员会开展相应的合作，为这些学生提供更多的支持，让他们能够获得全额资助奖学金，这对我们来说也是非常好的机遇。同时，我们的学生能够在全球各地学习。我们想打造一个国际合作项目，以便更好地参与其中。作为一个学术学院，我们也希望在全球范围内招募这样的学生，这应该是一个双向的通道，让双方都能得到相应的发展。我们也意识到，让美国的学生来这里学习同样很重要。我有一些关于美国学生来中国留学的项目，这个留学项目对学生来说是一个能改变人生的机会，让他们有机会到世界的其他地方去感受、去体验全球不同的文化。这能够让我们拥有更开阔的视野，更好地了解世界。这是我作为大学学院教授的强烈感受。我来自乔治梅森大学，我们会给予相应的资助，以这样的方式支持学院的发展，也会筹措奖学金。我们会提供资金资助留学项目，无论你想参与何种项目，都会有奖学金支持。无论是攻读四年的本科学位还是两年的硕士学位，希望大家至少要有一次海外交换经历，这通常是我在新生活动中会讲的内容。

我们来看一看这边的一些留学项目，在这个过程中，我们也希望能让美国的学生来到这里，让两国学生能够在复杂的政治局势下找到合作的方式。我对未来十分乐观，我认为从长远来看会有转变，也会有更多深入参与和互动的机会。谢谢大家！

🎙 赵玻：从大学角度，马克·罗泽尔院长为我们提供了很好的建议，就是在学生培养过程中要加强国际化。我们温州商学院 2023 年有 1350 名学生到海外留学，2024 年也超过 1300 名，刚才王文院长也对我们举办方表示，从 2025 年开始每年要超过 4000 名学生到海外留学。由于我们温州商学院主要是培养纳税人和企业家，因此我认为我们学校让学生出国学习不仅仅是为了获取知识，更重要的是要培养学生对国际经济、政治、文化的理解力、判断力和执行力，这对于在 21 世纪全球化的时代非常重要。非常感谢马克·罗泽尔院长！

接下来有请英国伦敦经济与商业政策署前署长罗思义演讲，大家欢迎！

罗思义：中国经济有个挑战不能忽视
英国伦敦经济与商业政策署前署长

大家好，我想和大家分享一下。实际上，大家是我这一研究成果的首批听众，而这一研究是我与中国的一些 IT 专家和经济学家合作完成的，之前该研究还没有公开发表过。为了帮助大家更好地理解国际经济，我们将回顾过去 40 年的数据，以持续追踪相关的发展。

我们可以看到 8 ～ 10 年经济体的发展情况。世界经济其实非常集中，这是目前最主要的趋势。这项研究实际基于 217 个经济体，IT 专家帮助我提取了相应的数据，使我能够进行分析。我看到一个与劳动力相关的讨论，这实际上是大家想要了解的一部分。下图描述了净固定投资以及每年 GDP 增长排名前十的经济体之间的关系，我们可以看到净固定投资和每年的 GDP 增长有非常强的关联性。下图中 10 个大经济体之间的相关性达到了 0.95，这个值非常高。这项研究想展示的就是这些经济体有非常相似的发展范式，我们可以看到投资方面的百分比对每年 GDP 增长有非常大的影响。

我们进一步探讨一下在研究过程中的发现。我们可以看到，那些大小经济体的发展范式实际上是非常不同的。大型经济体的经济增长与固定投

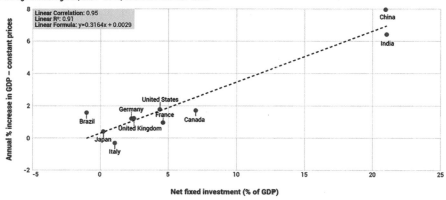

Correlation between net fixed investment (% of GDP) and annual GDP growth
10 largest economies
Average annual figures, 2007–2019, 66.9% of world GDP 2019

Source: Calculation and elaboration by John Ross and Global South Insights using data from World Bank World Development Indicators, June 2024
Notes: Percentage of world GDP is calculated using current USD.

资水平有非常高的相关性，对于中国来说就是如此，因为中国是一个庞大的经济体。小型经济体在这方面与固定投资水平的关联性较低，所以大型经济体和小型经济体的发展范式是非常不同的。为什么呢？我们在观察新的生产力时，会关注两个方面：一个是投资的整体水平，另一个是研发在GDP 中占比的水平。

接下来，我们来看一下不同规模经济体的情况。下图展示的是全世界 20个最大经济体之间的关联。我们可以看到大经济体之间的相关性为 0.93，这实际上是非常高的比例。从全球前 50 大经济体的情况来看，它们的 GDP 总和占世界 GDP 的 88%。同时，它们的 GDP 增长与固定投资之间的关联性高达 0.9。这一数据表明，所有全球大型经济体实际上都遵循着共通的发展模式，即 GDP 增长和固定投资之间呈现出高度相关性。但是如果我们再来看一下那些小的经济体，全世界最小的 7 个经济体，相关性是 0.49。其实这是非常低的关联性。这里想传递的信息是，大经济体的发展范式与发展中的小的经济体的发展范式非常不同。虽然没有时间详细讲解，但这是我们研究得出的结论。我们还发现，油气出口国的经济发展范式与其他经济

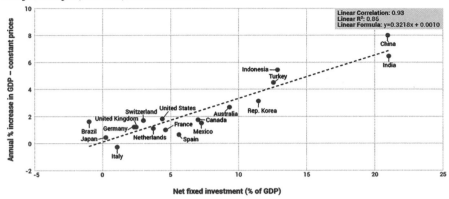

Correlation between net fixed investment (% of GDP) and annual GDP growth 20 largest economies (minus Russia and Saudi Arabia)
Average annual figures, 2007–2019, 77.4% of world GDP 2019

Source: Calculation and elaboration by John Ross and Global South Insights using data from World Bank World Development Indicators, June 2024
Notes: Percentage of world GDP is calculated using current USD.

体不同，其相关性为 0.61，属于中等相关度，实际上并不是一个非常高的值。

如果再看一下那些比较小的经济体，这实际上是我们把全球不同的经济体做比较，有 0.49 的相关性，并不是很高。跟大家说一个最基础的逻辑，就是大型的经济体（一定包括中国）有同一种发展范式，小的经济体有不同的发展范式，这就是我们基于事实的结论。

我们再来看一下新的生产力、固定投资、创新以及研发之间的关系。实际上很多研究告诉我们，发展和创新的水平与研发投入直接相关，这在 GDP 中也会有所体现。

这里想跟大家展示一下中国在研发方面的地位，中国在这方面实际上是非常领先的。研发在 GDP 中所占的比重，中国相比其他发达国家有显著增长。例如，印度的研发支出占比仅为 0.7%，而中国的占比则高于许多其他发展中国家，但仍然低于日本、美国、德国和英国。因此，中国在研发方面仍有很大的发展空间，未来研发支出占 GDP 的比重，四个 G7 国家应该会进一步增长，目前中国在全球排名第五。

同时，我们可以看到，GDP 增长和研发支出所占的比重并没有很直接的关联，即研发和创新同经济增长之间的相关性并没有那么强，实际上经济增长会更多地受到投资水平的影响。这主要是想让大家了解，互联网是非常具有变革性的发展力量，会给我们带来非常庞大的支出，尤其是在计算机、通信等领域的重大投入。

中国新质生产力面对的另一个挑战就是，中国如果要赶上四个 G7 国家的研发投入，还有非常漫长的道路要走。但是另一方面，我们也可以看到固定投资水平和 GDP 增长的相关性其实更高，达到了 0.95 的高相关性。所以这是一个不能忽视的问题。我们之前做了很多关于新质生产力的研究，也给很多中国经济学家和相关政策制定者提出了很多建议。

以上就是我的分享，谢谢！

🎙 赵玻：罗思义前署长谈了两个问题，一是 GDP 增长与固定投资水平的关系，二是研究投入在经济增长中的作用。第一个观点可以用我们中国的以旧换新计划来说明，当经济下行时期，一些像房地产这样的传统支柱项目遭遇挫折以后，以旧换新就是维持 GDP 增长和固定资产投资的有效办法。第二个是关于研发的投入，在二十届三中全会上特别提到新型研发投入要举国提质，并强调要将民营企业作为研发主体等提法，实际上也是对他今天所做的主题很好的诠释。谢谢罗思义前署长！

下面有请美国宾夕法尼亚州立大学法学与国际事务学院教授白轲演讲，大家欢迎！

白轲：观察中国发展，我学到了很多

美国宾夕法尼亚州立大学法学与国际事务学院教授

大家早上好！非常感谢邀请我参加此次论坛。我很荣幸能为大家做一个分享和致辞。我想分享一下中国企业家是新质生产力创新的引领力量。我是一个外国人，我关注到中国最近的发展，也从中学习到了很多。感谢这次机会，让我可以研究中国企业家如何通过加速培育新质生产力，积极参与实现新时代的社会主义现代化。

最近，二十届三中全会通过的《中共中央关于进一步全面深化改革、推进中国式现代化的决定》强调，企业家精神是建设高水平社会主义市场经济体制的关键要素。《决定》提出要完善中国特色现代企业制度，弘扬企业家精神，支持和引导各类企业提高资源利用效率和管理水平，履行社会责任，加快建设更多世界一流企业。因此，弘扬新型高素质企业家精神似乎是社会主义现代化建设的必要内容，也是《决定》中提到的"更好发挥市场机制作用"的体现。从这些方面看，中国企业家在贯彻"两个毫不动摇"，即毫不动摇巩固和发展公有制经济，毫不动摇鼓励、支持和引导非公有制经济发展方面发挥着重要作用。

习近平总书记在解读二十届三中全会决议时强调了"四个迫切需要"，这些根本目标在更广泛的背景下也得到了体现。这也表明，在中国寻求应对当前时代主要矛盾的同时，全国生产力必须高度协调，才能把改革开放的旧方案与新时代的特点结合起来。

这"四个迫切需要"中的第三个尤为重要——迫切需要更好地适应中国社会主要矛盾的变化。习近平总书记指出，促进高质量发展的目标是满足这一需求的必要条件。更具体地说，为了满足这一需求，还需要"优化创业就业的政策环境"。习近平总书记解释说，企业家可以通过专注于高科技和高效率创新来促进高质量发展——前者将工业发展状态提升到新的水平，后者可以增强和振兴传统工业的生产力。企业家们也可以为习近平总书记强调的加快建设国家战略人才力量，特别是完善发现、选拔和培养年轻创新人才的机制作出贡献。

尽管如此，习近平总书记强调了实现相关重要目标和任务，以及推动企业家素质新发展。习近平总书记着眼于促进非公有制经济发展，进一步强调了一些具体措施，这些措施"将更好地激发全社会内生动力和创新活力"。这些具体措施是通过大力弘扬企业家精神来实现的，我要特别强调大力弘扬企业家精神。结构性改革为身为新发展理念践行者的企业家们发挥自身才能提供了必要的指导。

对于来自中国以外的人来说还有很多工作要做，而且已经规划了前进的道路。中国的企业家机构将为这些努力做出贡献，中国的这些努力可能会给中国以外的人提供许多见解和创新想法。当然，在"一带一路"倡议这样一个大网络当中，中国朋友可能会感受到这些创新途径的影响，另外还有中非合作论坛等也体现出了这种企业家精神。其他国家也能够吸取中国的见解和成功经验，赋予它们各自国家的特色，然后走出符合自己国家的发展道路。为国家服务的高质量发展和创新似乎是一种普遍的愿望。我也很高兴可以从中国在这方面的成果中学习。

谢谢。

🎤 **赵玻**：白轲教授从新质生产力角度跟我们谈了企业家、企业家精神。我觉得白轲教授对二十届三中全会精神的学习比我们很多中国人都要透彻。在过去几十年的改革开放当中，企业家是中国经济发展与创新的重要力量。在接下来实现"两个一百年"奋斗目标以及建设中国式现代化的进程中，中国企业家将发挥更大的作用。谢谢白轲教授！

接下来有请美国威尔逊中心全球欧洲与基辛格美中关系研究所研究员、美国北卡罗来纳大学教堂山分校历史与国际事务教授克劳斯·拉雷斯演讲。大家欢迎。

克劳斯·拉雷斯：中美需构建更多额外信任解决当前危机
美国威尔逊中心研究员、美国北卡罗来纳大学教授

各位早上好！非常荣幸能够来到这里，感谢主办方对我的邀请，也感谢邀请我来发言。

今天格外开心能来到温州商学院参观，也感谢今天有这么多学生来到这里。我是克劳斯·拉雷斯，美国威尔逊中心全球欧洲与基辛格美中关系研究所的研究员，同时也是美国北卡罗来纳大学的一名教授。

今天我其实也是以个人的观点来发表讲话，因为我是研究国际政治的，我的研究和教学聚焦于美国、欧洲与中国的关系，所以今天我想跟大家分享的是国际议题。当今国际议题或者说国际问题比以往要更加严峻，我们可以纵观一下全球，每个地方都有很多动荡，包括俄乌冲突、中东加沙地带的战乱，还有苏丹、缅甸等国家的一些冲突。除此之外，西方世界与中国的关系也非常紧张，经济关系不如之前那么好，同时还有涉及科技方面的一些问题，如人工智能（AI）方面的问题，还有电动车、新能源汽车的问题。我们需要克服各种各样的问题，因此中美关系或者中国与欧洲的关系其实能变得更好。在过去，大家的关系都还不错，所以我们未来能否恢复如初呢？我觉得这是每个全球经济学家或者商人都非常想要探讨的问题。

今天我想提出三个建议，也许可以改善当下的关系。

第一，人与人之间的交流对话是非常重要的，中国和西方国家政府都强调了人员的交流，但目前交流程度不够。现在在中国，留学生的数量大约只有 1000 人，但几年前差不多有一两万，现在去美国读书的中国学生更多，但这个数量未来还是可以更高的。中国与欧盟之间的情况也是一样的，所以我们要大力支持推动人员的交流，不仅是学生之间的交流，像在座各位一样，还有学者、企业家、游客的交流等。我觉得中国政府最近做得最恰当的事情就是推出了 14 天的免签政策，尤其是针对很多欧洲国家的免签政策。我觉得针对更多的国家可以采取这样的措施，并且 14 天的免签期限可以再延长一些，西方国家也可以出台类似的免签政策，以促进人员的交流。

第二个建议就是建立军事合作渠道，意味着来自中国、美国的顶尖将军、司令等能够更容易、更平等地对话，我们叫"红色电话线"，也就是拿起电话就可以交流。在一些危机上，比如说中国南海问题上局势比较紧张，有时会由于理解上的障碍产生歧义。在这样的危机过程中，我们必须马上采取行动。因此，这些军事沟通渠道应当是一直开放、持续和维护的。但是佩洛西大约两年前去台湾的时候，这样的沟通渠道就被关闭了。拜登总统和习近平主席 2023 年在旧金山有一次对话，大家同意再次重启这样的沟通渠道，这是受到大家欢迎的。所以未来有任何危机发生的时候，我们都有一个开放沟通的渠道，在危机过程中才可以利用这样的渠道开诚布公地沟通。

我们看过去美苏之间有非常多次的会面，他们有后续的通道能够帮助解决一些非常危险的危机，也有可能避免核战争。军事通信渠道应该保持开放，这能进一步降低我们可能遇到的中美危机的风险。因此，在政治和军事方面的一些沟通渠道应始终保持开放。同时，我认为任何危机都不应该导致沟通机制的关闭。

第三，双方都不应该变得更为敏感，遇到任何事情，可能有些事情让中方不是很满意或者让美方不是很满意，就会导致一些非常过激的反应，我认为这是非常不合常理的。美国也应理解中国在台湾问题上的红线毫无疑问是非常重要的。因此，如果在台湾出现了一些情况，使得中国政府感到不愉快，这必然会导致中国"过于敏感"的反应和举措。

同样在中国的南方，美国作为太平洋大国，也会有一些国防方面的部署，比如说针对菲律宾海域如果有一定的事情发生，美国也需要避免过度敏感的反应，我们需要利用刚刚讲到的沟通机制和中国的相关方进行沟通，以解决问题。

简而言之，中美双方都需要各退一步解决目前的危机，我们所做的就是要构建更多的信任，这种信任对于国际政治来说是非常重要的，如果没有这样的信任，我们就会面对一个非常不幸和糟糕的未来。

因此，沟通对于建立信任至关重要。同时，我们也不应该让我们的自尊心和权力的雄心受到影响，要注意不要在危机领域变得过于敏感。这也是我们现在所做的。我非常高兴能够在这里见到大家，希望之后大家有机会能够去我们那里。我们也非常享受这一次出行，在校园场景下能够参与学生之间的交流，能够与学者互动，从自由民间的角度来看也是很重要的，这能够帮助我们建立信任，同时促进双方高层领导和军事之间的合作。

最后我想说我们还是很乐观，我们还是能够建立更多的信任，同时我们相信中美关系最终能够得到改善，但是双方都应该更有意识地进行合作，不要在这方面过于敏感，要保持政治和军事相关的沟通渠道开放。

🎤 赵玻：克劳斯·拉雷斯教授就中美关系谈了三个建议，一是普通大众之间的交流，二是关键少数之间的交流，三是对于敏感危机事件的降温处理，这三个建议实际也是我们中国政府和在座的各位普通大众所期待的，讲得非常好。我们也希望接下来在中美关系当中能够乐见他这三个建议的落地实施，谢谢！

接下来有请经济合作与发展组织（OECD）中国经济政策研究室主任马吉特·莫尔娜演讲，有请！

马吉特·莫尔娜：发展新质生产力需同步升级劳动力和资本两大生产要素

OECD 中国经济政策研究室主任

大家好！我是经合组织负责中国经济的马吉特·莫尔娜。

今天非常高兴，时隔 20 年回到温州和大家交流，非常感谢邀请我。

今天谈一下新质生产力。我认为新质生产力就是生产要素的升级。今天主要谈两个最重要的生产要素：第一个是劳动力，第二个是资本。

首先看劳动力。在劳动力方面，中国有什么可以升级的呢？比如说大家应该都知道 OECD 的 PISA 测试，中国好几年来都是第一。所以还有什么可以升级的呢？虽然中国在教育，特别是小学、中学阶段，教育质量不错，但在就业阶段，市场所需的技能与大学培养的技能之间存在一定的错配。我们该如何衡量这种错配呢？七八年前我们做了一个测试，来衡量这个错配。我们用了 80 万个大学和高职毕业生的数据，测试了他们在大学或者高职学到的技能与他们第一个就业公司所需要的技能之间的差异。我们发现当时毕业生们最缺乏的技能是计算机编程，其次是软技能，尤其是与未来成为企业家相关的推销和销售技能。因此，我认为进行这样的测试是非常有意义的。

但是知道这些以后应该怎么办呢？当然在一定程度上，大学和高职可以培养这些技能。但是最重要的是实习。我也是在中国上的大学，虽然已经是 30 年前，但是那时候实习机会非常少，在国外有很多大学实习是必需的，要是不实习就没法毕业，所以实习是培养那些在课堂上学不到的重要技能的关键。

资本怎么升级呢？大家现在都知道产能过剩，这方面在中国乃至全世界都非常显著。但是看看数据，中国的人均资本储蓄量仍然低于发达国家。

问题在于资本储蓄的布局和投资方向，主要投资于哪些领域，这需要讨论如何升级资本储蓄。

第一，设备方面。大概一年前有一个举措是"以旧换新"，这就是为了升级已有的设备。

第二，基建方面。为什么基建要升级呢？比如说中国的高铁或者高速公路都是世界一流的，还要升级吗？当然这些方面在现阶段不需要大规模升级，但是基础设施还有一些升级的空间，在什么地方呢？一直到现在没有被关注的地方，比如说地下管道是刚刚被关注的。还有一种国外常见的短距离的铁路——城市的中心到周围农村的铁路，这种铁路在中国还未建设。这种铁路是为了让周边的人上班交通更方便，这方面还是可以升级的。

第三，资本的种类。房地产就不谈了，大家都知道存在产能过剩的问题，虽然需要升级，特别是大城市有很多老房子，但这是另外一个话题。

如果资本和劳动力都升级了，还需要什么呢？两者升级的同步性非常重要。比如说一个机构购置了设备，如果没有人会使用，那设备就派不上用场，所以劳动力和资本的升级必须同步。

关键是如何将劳动力和资本结合起来，这就是生产力。而生产力是经济长期增长最重要的因素，这也是我下一个演讲的主题。

谢谢大家！

🎙 赵玻：马吉特·莫尔娜女士实际上给我们处于经济下行时期的中国提了一个很好的建议，在这个阶段，为了实现下一个阶段的经济腾飞，我们应该从劳动力、资本以及劳动力与资本的协同升级三个方向进行一些工作。这对我们来说是一个非常重要的启示。特别感谢马吉特·莫尔娜女士！

接下来有请卡帕多西亚大学教授图格鲁·凯斯金给我们做演讲，大家欢迎！

图格鲁·凯斯金：中国和中东和北非国家在 21 世纪的关系

全球中国研究网络创始人、美国"中国全球战略研究所"（CGSRI）
主任、卡帕多西亚大学教授

大家好！感谢邀请我参加本次论坛。我的演讲题目是《中国与中东和北非国家在 21 世纪的关系》。在此，我将简要介绍一下主要内容。

2023 年 8 月，在南非举行的金砖国家年度会议上，由巴西、俄罗斯、印度、中国和南非组成的金砖国家联盟，邀请六个新成员加入该经济和政治联盟。其中，四个新成员来自中东和北非，即埃及、伊朗、沙特阿拉伯和阿联酋。这四个国家的加入，预计将对全球地缘政治产生重大影响，而中国作为金砖国家的第一大经济体，在其中发挥了重要作用。

金砖国家是一个由非西方全球主要参与者组成的联盟，标志着全球权力格局的转变，也揭示了现有国际秩序面临的挑战。在美国硬实力和软实力相对衰退的背景下，全球秩序正经历转型。在这个多元化的世界中，中国与中东和北非国家的关系日益紧密。尽管中国对以西方为中心的世界秩序长期存在不满，但正是在这一新自由主义全球秩序中，中国崛起成为全球最大经济体（按购买力计算）。中国并不寻求破坏现有的全球秩序，也不追求主宰世界，但正如习近平主席在中共十九大上所言，中国坚定增强国力和国际影响力。

这一政策体现在"一带一路"倡议中。中国与 19 个中东和北非国家签署了"一带一路"合作协议，建立了"数字丝绸之路"和"健康丝绸之路"等项目，旨在扩大在该地区的经济和政治影响力。同时，中国在多个中东和北非国家设立了孔子学院，这些机构推广了中国语言和文化，增强了中国在该地区的软实力。中国还与伊朗、沙特阿拉伯、阿联酋、埃及等国家建立了全面战略伙伴关系。

习近平主席访问了沙特阿拉伯、巴基斯坦、埃及、土耳其和阿联酋等国家，中国成为这些国家最大的经济和贸易伙伴之一。此外，沙特阿拉伯王储穆罕默德·本·萨勒曼于 2019 年 2 月访华，进一步彰显了中国对能源资源的需求及与沙特建立安全伙伴关系的兴趣。这一关系还体现在中伊关系上。2023 年 7 月，德黑兰在上海合作组织的虚拟峰会上加入了该组织，前总统鲁哈尼于 2018 年访华，最终在 2021 年 3 月签署了为期 25 年的战略合作协议。此外，2023 年 3 月，北京促成了伊朗与沙特的和解，标志着中东和北非国家向东看的政策以及中国对该地区政策的调整，进一步挑战了美国在该地区的主导地位。

我认为，中国与中东和北非国家之间的关系可以从以下三大支柱探讨：第一支柱是能源、贸易、投资和安全地缘战略的重要性。中国通过和平崛起战略，实现了能源多样化，尤其加强了与中东和北非国家的合作。第二支柱是中国的不干涉政策、尊重国家主权和维护现有政治秩序。第三支柱是中国发展模式对中东和北非国家的影响。这一模式能否促进这些国家的基层发展和社会民主，是值得关注的问题。

在能源方面，中国与中东和北非国家的合作十分紧密。尽管中国能源自给能力在增强，但中东仍然是中国最大的石油和天然气供应地区。中国约 44% 的原油和 33% 的天然气来自该地区，预计这一比例将在未来增长至70%。中国仍是沙特和伊朗的最大原油合作伙伴。

习近平主席 2016 年的中东之行进一步巩固了中国与该地区的关系，双方签署了 650 亿美元的投资协议。伊朗与中国的贸易额有望在未来十年达到 6000 亿美元。此外，过去十年中国对中东和北非国家的出口额达到了3000 亿美元。中国在该地区的外国直接投资和基础设施项目也不断增加。例如，中国在阿尔及利亚的高速公路项目中投资 110 亿美元，阿尔及利亚已经成为中国进一步深化与非洲关系的桥梁。

第二支柱是关于政治局势的稳定性。我们应当结合中国的和平崛起与中国式经济发展模式，更好地理解中国与中东、北非国家的关系。在此过程中，与伊朗、巴基斯坦和土耳其等具有重要影响力的国家开展合作，显得尤为关键。2011 年，中国出台了一系列相关政策，在也门战乱期间，依然与这些国家保持着紧密关系。中国始终尊重这些国家的主权与领土完整，推行和平与稳定的外交政策。

第三支柱是中国在全球中的定位。中东和北非国家将中国视为与自身关系中的重要支柱之一。当代中国作为一种模式、一条道路，甚至一种范式，为中东和北非国家提供了发展启示。中国特色社会主义模式，尽管源于中国的特殊国情，但也具有一定的普遍性。这一概念起源于邓小平将市场经济元素纳入社会主义体制的改革，之后在习近平主席和其他中国领导人的推动下进一步发展。尽管这个模式存在争议，但它依然能够为其他国家提供借鉴。

在全球背景下，中东和北非国家应该进一步加强与中国的合作，特别是在金砖国家框架下，共同推动社会民主和可持续发展。与中国建立前瞻性、务实的经济合作关系，将有助于中东和北非国家的繁荣与发展。

以上是我的分享，感谢大家的聆听！

🎤 赵玻：非常感谢图格鲁·凯斯金教授的精彩演讲。他从中美关系的宏观视角探讨了中国与中东、北非国家的经济政治关系，给我们带来了许多启发。再次感谢！

接下来，让我们欢迎美国西弗吉尼亚大学公共管理与公共政策教授保罗·法拉赫演讲。

保罗·法拉赫：加快培育发展新质生产力与中国式现代化

美国西弗吉尼亚大学公共管理与公共政策终身教授

非常感谢主办方的邀请！

今天，我原本打算与大家分享我的研究论文和分析，主要涉及中非关系以及其对中美关系的影响。但在来到温州商学院后，我改变了主意。今天的主题是"加快培育发展新质生产力与中国式现代化"，因此，我希望从一个对商学院学生更有价值的角度，分享一些关于公共管理与公共政策的见解。

作为一名公共管理与公共政策的教授，我的研究领域主要集中在全球挑战及其对国家安全的影响。这些全球挑战不仅仅影响中国，还涉及美国、欧盟等多个国家和地区。全球化在不断改变我们看待问题的方式，而我们正处在一个应对全球挑战的加速阶段。

那么，什么是全球挑战呢？从全球经济、全球投资和全球贸易的角度来看，全球挑战可以理解为一种冲突。但只要有政府的政策支持和行业的积极应对，这些挑战也可以转化为机遇。例如，气候变化、环境风险等问题虽然严峻，但在科技进步和全球法律完善的推动下，这些领域都蕴藏着大量机会。新技术的崛起，如人工智能、区块链、大数据等，将为各个行业带来前所未有的增长潜力。

对于未来想要进入这些领域的商学院学生来说，只要政策支持、法律完善，你们一定能找到属于自己的机遇。在我的博士论文中，我曾研究中国与 WTO 的关系，尤其关注中国对全球贸易的看法。这种第三世界国家的模式，以及中国在全球南方中的领导地位，给我很大的启发。

中国不仅通过经济合作在全球南方扮演领导者的角色，还推动了一系列国际关注的议题，如国际法律助力发展。中国的参与表明，全球南方与北方的合作不再仅仅是分裂的，而是更具包容性和共同目标。例如，在世界知识产权组织（WIPO）的框架下，文化多样性得到了更好的保护和促进，并被整合到全球发展中。

我乐观地认为，未来的全球合作将不再以南、北为界，而是以共同利益为导向。中国在全球挑战中展示了引领力，无论是在贸易合作、环境保护，还是在应对全球腐败等问题上，都展现出强大的推动力。

对于温州商学院的学生来说，理解全球趋势、培养前瞻性视角至关重要。作为未来的企业家和创新者，你们需要时刻准备好应对全球化带来的挑战，特别是在环境保护、气候变化、企业责任等方面。我们之前提到的ESG（环境、社会与治理）概念，已经在欧洲和全球范围内得到深入探讨，并将在未来成为一个重要的发展方向。

最后，我想总结一下，中国不仅在应对气候变化方面扮演了重要角色，未来也将继续在全球事务中发挥领导作用。无论是非物质文化遗产保护，还是应对恐怖主义和腐败等全球性问题，中国与全球南方和北方的合作都为我们提供了宝贵的经验。

非常感谢大家聆听，也希望温州商学院的同学们能够从中得到启发，将这些商业价值带入实践中，谢谢！

🎤 赵玻：保罗·法拉赫教授主要是从全球经贸关系提出一些好的见解和主张，对我们启发很大。

接下来有请美国国防大学国际关系教授杰弗里·格雷许进行演讲，大家欢迎！

杰弗里·格雷许：如何讲故事？举三个美国案例
美国国防大学国际关系教授

首先，在开始今天的演讲之前，我想声明，我在这里表达的观点不代表美国政府、国防部或国防大学，仅仅是代表我个人的观点。

今天我想讨论两个重要的主题：一是多样性带来的美，二是我们如何分享我们的故事。这两个主题在我们讨论企业家精神、创新以及未来时，都是非常关键的元素。

我将通过三个例子来说明这两个主题。第一个例子是我最喜欢的一个电视节目，叫《Shark Tank》。第二个例子是历史上的一个企业家，名字叫丹尼尔·拉吉伯格（音译）。第三个例子是现代的一家公司，叫作 PowerX。

首先谈《Shark Tank》节目，它是我最喜欢的美国真人秀节目之一。我其实不是特别喜欢看电视，但我非常热爱商业和企业家精神。在《Shark Tank》节目中，创业者展示他们的企业创意，争取投资。我喜欢这个节目，因为它展现了多样性，以及与美国故事的关联。在第二代移民中，我们看到他们的父母通过艰苦努力为孩子们创造了机会，这也推动了商业探索和创新。这是一条强大的、鼓舞人心的信息，展示了个体通过奋斗和创新所能取得的成就。

第二个例子是历史上的丹尼尔·拉吉伯格。二战期间，他是一名造船工匠，住在弗吉尼亚。当时，他想制造一种可供战争使用的新型船只，但由于弗吉尼亚缺少必要的材料，他不得不去其他地方寻找。他最终在日本找到了一处造船厂，尽管这家造船厂在战争中被摧毁，但仍有一些基础设施。他与日本的工程师合作，创造了现代最强大的坦克之一，并为全球航运业带来了革命性的变化。这是协作与多样性的力量，也是全球创新的典范。

第三个例子是一家叫 PowerX 的公司。我有幸与他们的 CEO 和董事长合作。CEO 是企业家，董事长是医学博士，他们结合了各自的学科背景，致力于创造新的医院基础设施。他们开发了一种基于大电池的航运解决方案，既能降低碳排放，又能提高运输效率。这项创新不仅推动了全球化进程，还帮助他们的家人在不同国家之间分享各自的洞见。

今天，能够来到这里，加入明德对话，见证创新与企业家精神的发展，我感到非常荣幸。我希望通过分享我们的故事，推动更多的创新，并为未来的企业家提供支持。非常感谢大家！

🎤 赵珀：杰弗里·格雷许教授从多样性的角度为我们提供了非常宝贵的见解，非常感谢！

接下来有请上午最后一位演讲者，温州商学院金融贸易学院院长、教授汪占熬，大家欢迎！

汪占熬：温商精神与中国式现代化
温州商学院金融贸易学院院长、教授

各位尊敬的领导、嘉宾，来自远方的国际友人，亲爱的温州商学院的老师和同学们，大家好！

作为主旨发言人之一，我深感荣幸。借此机会，我想与大家分享一些关于"温商精神与中国式现代化"的思考。

作为改革开放的先锋，温州商人秉持着温商精神，在中国经济发展中发挥了举足轻重的作用。温州人"走遍千山万水""历经千辛万苦""想尽千方百计""说尽千言万语"的拼搏历程，体现了敢为人先、坚韧不拔、勇

于创新和开放合作的精神。这些精神品质使温州商人在艰苦的创业环境中，筚路蓝缕，创造了一个又一个商业奇迹。从改革开放初期的第一张个体工商业营业执照，到如今的全球化布局，温商的创业历程已成为中国民营企业敢拼敢闯的集体写照。

当前，国际经济形势复杂多变，孤立主义和民粹主义抬头。如何在这样的环境中谋求发展？党的二十大报告明确提出并深入阐述了中国式现代化理论。习近平总书记在学习贯彻党的二十大精神研讨班开班式上也对中国式现代化作了专题论述，丰富了该理论。党的二十届三中全会通过的《中共中央关于进一步全面深化改革、推进中国式现代化的决定》指出："紧紧围绕推进中国式现代化进一步全面深化改革。"这表明中国式现代化的推进离不开民营经济的参与，而温州作为民营经济的发源地之一，必将在这一伟大变革中发挥重要作用。

我认为，"走遍千山万水"的敢为人先精神，使温商在面对不同文化、市场和竞争环境时，始终保持高度的灵活性和适应能力。面对全球经济的新变革，站在中国式现代化的新起点上，我们要继续发扬这种精神，寻找新的发展机遇，创造更多成功的商业模式。

与此同时，我们还要坚持"历经千辛万苦"的坚韧精神，以"不达目的誓不罢休"的决心应对新的挑战。在全球经济不确定性增加、市场竞争日益激烈的背景下，我们必须具备百折不挠的毅力，善于在逆境中寻找机会，继续前行。

此外，创新精神也是温商成功的重要因素。"千方百计"去推动企业在新兴领域取得突破，是温商发展的关键。我们要积极参与数字经济、人工智能和绿色经济等新领域，通过技术创新、模式创新和管理创新，提升企业的市场竞争力和全球影响力。

在全球化背景下，"说尽千言万语"的开放合作精神尤为重要。温商早已走遍世界各地，开放合作成为实现互利共赢的关键。我们要加强与国际社会的联系，积极参与"一带一路"倡议等合作平台，通过跨境投资、技术交流和文化传播，将温商的智慧推广至全球。

温商精神不仅体现在企业的发展壮大，也体现在企业家的社会责任感上。我们要在提升企业竞争力的同时，关注社会和环境问题，践行绿色发展理念，推动经济可持续发展。

温州商学院也在培养新一代商科人才方面不断创新。我们通过开设校本课程《温商精神导论》、开展创业实践活动，致力于培养具备国际视野、创新精神和社会责任感的新时代温商。

今天的温州，已不仅仅是一个地域概念，它代表着开放、包容和创新。温商精神作为这一象征的重要组成部分，将继续引领我们在中国式现代化进程中书写更加辉煌的篇章。谢谢大家！

🎤 赵玻：女士们、先生们，我们今天上午第二阶段的主题演讲到此结束，让我们再次以热烈掌声对以上 10 位专家的精彩演讲表示衷心的感谢！我们今天也要特别感谢中共中央宣传部、中国人民大学重阳金融研究院、温州市委宣传部、温州人社局、温州商务局、温州教育局、温州市社科联等政府机关的支持，还要感谢温州驻海外的侨商协会会长们，感谢在温的异地省级商会的会长们，感谢大家！感谢各位老师、同学们，上午的会议到此结束，谢谢大家！